Thomas Schmidt

Bezaubernde Schönheiten

Die erstaunliche Welt
exotischer
Schmetterlinge

Rasch und Röhring Verlag

Für Marlena, Viktor und Magdalena

Die Deutsche Bibliothek – CIP-Einheitsaufnahme

Schmidt, Thomas:
Bezaubernde Schönheiten: Die erstaunliche Welt exotischer Schmetterlinge/
Thomas Schmidt. – Hamburg: Rasch und Röhring, 1998
ISBN 3-89136-691-4

Copyright © 1998 by Rasch und Röhring Verlag, Hamburg
Großer Burstah 42, 20457 Hamburg, Fax 0 40/37 13 89
Umschlaggestaltung: Peter Albers
Fotos: Thomas Schmidt
Satzherstellung: KCS GmbH, Buchholz/Hamburg
Druck- und Bindearbeiten: Media-Print, Paderborn
Printed in Germany

Inhalt

VERLIEBT IN MORPHOS UND MONARCHEN   7

EINER SCHÖNER ALS DER ANDERE   13
Elegante Ritterfalter   14
Farbenspiele der Passionsfalter   20
Bunte Edelfalter   30
Metallisch blaue Morphos   39
Bananenfalter mit Eulenaugen   44
Monarchen mit Tiffany-Flügeln   48
Eindrucksvolle Nachtfalter   54

WUNDERSAME VERWANDLUNG   65
Wenn Schmetterlinge Hochzeit feiern   66
Klein, aber fein: das Ei   73
Frißt und wächst: die Raupe   81
Außen Ruhe, innen Action: die Puppe   93
Vergängliche Schönheit: der Schmetterling   102

DIE KUNST DES ÜBERLEBENS: TARNEN, TÄUSCHEN, WARNEN   117

EXOTISCHE FALTER IM GLASHAUS: SCHMETTERLINGSZOOS   131

ANHANG   137
Fotopirsch im Schmetterlingszoo   138
Schmetterlingszoos in Deutschland, Österreich und der Schweiz   140
Ausgewählte Literatur   143
Danksagungen   145
Register   146

Verliebt in Morphos und Monarchen

Schmetterlinge – sie verkörpern die Schönheit der Natur auf ideale Weise. Schon in meiner Kindheit fühlte ich mich zu den eher sanften und leisen Wesen der Pflanzen- und Tierwelt hingezogen. Was ich damals mit erstaunten Augen sah, betrachte ich heute durch den Sucher meiner Kamera. Mein Staunen ist nicht geringer geworden, und es schmerzt mich, daß nur noch wenige Falter über die Wiesen gaukeln.
1985 ergab sich die Möglichkeit, mit Schmetterlingen beruflich »zusammenzuarbeiten«. Ich wurde »Schmetterlingsbetreuer« im Bismarckschen »Garten der Schmetterlinge« in Friedrichsruh bei Hamburg, seinerzeit der erste seiner Art in Deutschland. Ich gewann vielfältige und interessante Einblicke in die erstaunliche Biologie exotischer Falter, wie sie dort zur Freude der Besucher herumfliegen: Indisches Blatt, Zebrafalter, Morpho, Monarch ... Schließlich wurde ich so neugierig, daß ich die wunderschönen Insekten auch einmal in ihrem natürlichen Lebensraum besuchen wollte.
1993 reise ich zum erstenmal nach Ecuador, um tropische Schmetterlinge mit der Kamera einzufangen. Einer fremdartigen Welt begegne ich dort im Regenwald: dem verwirrenden Spiel von Licht und Schatten in der dichten Vegetation, dem Duft unzähliger Pflanzen in der feuchtheißen Luft, der Vielfalt unbekannter Naturgeräusche und immer wieder – Schmetterlingen. Mein erster Erkundungsgang durchs Unterholz: Plötzlich huscht es leuchtend blau durch das Halbdunkel und verschwindet wieder. Ich mache mich auf die Suche und finde einen handgroßen Schmetter-

Blau wie der Himmel! Der prächtige Morphofalter M. peleides *zählt zu den schönsten Geschöpfen der Erde. Dieser handgroße Schmetterling mit glänzend blau schillernden Flügeln gaukelt am liebsten in den Baumkronen des Regenwaldes.*

ling, der sich auf einem Baumstamm ausruht: ein Morphofalter. Wenn er seine Flügel zusammenklappt, erlischt das metallisch blaue Leuchten. Die Schutzfärbung der Flügelunterseiten macht ihn unsichtbar.

Auf meiner täglichen »Jagd« nach bunten Schmetterlingen in den Bergregenwäldern der Umgebung von Baños, einer kleinen Stadt im zentralen Andenhochland Ecuadors, begegne ich immer wieder mir neuen Arten. Manche Falter verstecken sich im Schatten oder sind gut getarnt, andere wiederum fliegen weit oben in den Baumkronen. So sind nicht alle auf einmal zu sehen, wie ich es aus dem Schmetterlingszoo gewohnt war, aber mit einiger Geduld gelingt es meinen untrainierten mitteleuropäischen Augen doch, mehr und mehr Schmetterlinge ausfindig zu machen. Sie hocken auf Blättern und sonnen sich oder besuchen Blüten, um Nektar zu saugen. Viele Schmetterlinge sitzen an feuchten Stellen entlang den Wasserläufen oder auf nassen Felsen und trinken das mineralstoffhaltige Wasser. Man muß immer genau auf den Weg achten, um nicht aus Versehen auf die kleinen Gesellen zu treten. Manchmal setzt sich sogar ein ganz Mutiger auf meinen Arm, um vom Schweiß zu kosten.

Die tropischen Regenwälder bedecken nur sechs Prozent der Erdoberfläche. Trotzdem lebt hier vermutlich über die Hälfte aller existierenden Tier- und Pflanzenarten. Von den 25 000 bekannten Tagfalterarten sind allein 20 000 im Gürtel der tropischen Regenwälder von Südamerika über Afrika bis Südostasien heimisch. Hier findet man auch die größten Schmetterlinge der Welt. Die Fülle unterschiedlicher Pflanzenarten in diesen vielfältigen Lebensräumen bietet reichlich Nahrung für hungrige Raupen und durstige Schmetterlinge. Das feuchtheiße Klima bekommt den farbenfrohen Insekten besonders gut. Schmetterlinge sind wechselwarme Tiere, ihre Körpertemperatur hängt also von der Umgebungstemperatur ab. Diese bleibt in den Tropen relativ konstant, da es – abgesehen von Regen- und Trockenzeiten – keine ausgeprägten Jahreszeiten gibt.

Die Biologie der meisten exotischen Schmetterlingsarten ist noch völlig unbekannt. Dringt man aber tiefer in das Leben einer Art ein, kann die Erforschung Erkennt-

Ein mutiger Bläuling labt sich an den Schweißperlen meines Arms. Die Mineralien haben es ihm angetan.

In Ecuador: Viele Acraeidenfalter haben sich auf einem Felsbrocken versammelt, um Mineralsalze aufzunehmen.

Wieder und wieder besucht der kleine Schmetterling mit dem roten Flügelband diese Blüten und tankt Nektar.

Man muß immer ein Auge auf den Weg haben, um nicht aus Versehen auf einen trinkenden Falter zu treten.

nisse bringen, die für uns Menschen von außerordentlicher Bedeutung sind. So wurden die Ursachen der Rhesusfaktor-Unverträglichkeit, die bei Neugeborenen zum Tod führen kann, durch Untersuchungen an einem afrikanischen Ritterfalter (*Papilio dardanus*) aufgeklärt.

Jedes Jahr werden zwanzig bis dreißig tropische Schmetterlingsarten neu entdeckt, und die Forschung versucht, das Geheimnis ihrer Lebensweise zu entschlüsseln. Es ist ein Wettlauf mit der Zeit, denn die Lebensräume dieser hinreißend schönen Insekten werden in atemraubendem Tempo von der »Krone der Schöpfung« vernichtet: Weltweit stirbt in jeder Minute Regenwald im Ausmaß von sechzehn Fußballfeldern. 1975 fand ein Entomologe bei Jaru im Westen Brasiliens innerhalb von nur zwölf Stunden 429 Schmetterlingsarten. Mittlerweile hat man dort den Regenwald abgeholzt und in landwirtschaftliche Nutzflächen umgewandelt. Die Schmetterlinge hatten keine Chance.

Als ich 1996 zum zweitenmal Ecuador besuchte, sah ich im südöstlichen Andenvorland bei Talag wieder einen der prächtigen Morphofalter. Das leuchtende Blau seiner Flügel war schon von weitem zu erkennen. Der große Schmetterling tanzte in einigen Metern Höhe über einem morastigen Waldpfad in wellenförmiger Flugbahn langsam auf mich zu. Es war ein verzaubernder Anblick, und ich fühlte mich in diesem Moment eins mit der Natur. Plötzlich riß mich das Kreischen einer Motorsäge aus meinen »Träumen« und warf mich unbarmherzig in die »Wirklichkeit« zurück.

Einer schöner als der andere

*G*äbe es einen Schönheitswettbewerb unter den Tieren, die exotischen Schmetterlinge lägen garantiert auf Platz eins. Sie überzeugen durch ihre filigrane Gestalt und die Eleganz ihrer Bewegung.
Entscheidend für den Sieg dürfte aber die verschwenderische Farbenpracht dieser lebenden Juwelen sein: das metallisch schillernde Blau der Morphos Südamerikas oder das irisierende Grün mancher Vogelflügler Südostasiens.
Eugène A. Seguy, ein Designer des französischen Jugendstils und des Art deco, ließ sich von diesen Kreationen der Natur für seine Arbeit inspirieren und widmete ihnen das Buch »Papillons«. Er wollte damit auch andere Künstler anregen.
Der Reichtum an Farbnuancen und Mustern auf den zarthäutigen Schmetterlingsflügeln rührt von winzigen Schuppen her. Sie sind in großer Zahl wie Ziegel eines Daches angeordnet. Häufig werden Pigmente in diese Schuppen eingelagert. So entstehen gelbe oder rote Farbtöne. Die Farbe kann aber auch Ergebnis einer Lichtbrechung an den Feinstrukturen der Flügelschuppen sein. Dann können wir uns beispielsweise an metallischem Blau oder irisierendem Grün freuen.
Die südamerikanischen Glasflügler werden fast ohne Schuppen geboren. Man kann durch ihre Flügel hindurchsehen. In bezug auf Schönheit stehen diese grazilen Falter den anderen exotischen Schmetterlingen aber nicht nach. Manchmal geht es eben auch ohne »Make-up«.

Elegante Ritterfalter

Wie ein Kolibri »steht« *Graphium agamemnon*, ein Ritterfalter aus Südostasien, mit schwirrenden Flügeln vor einer Blüte in der Luft und saugt Honigsaft. In der Sonne schillern seine schlanken Flügel leuchtend grün. Immer wieder wechselt er abrupt in rasant schnellem Flug die Nektar-Tankstellen. Später beendet *Graphium* seine energiezehrenden Luftmanöver und ruht auf einem Blatt aus. Deutlich sehen wir nun kurze, schwanzartige Verlängerungen an seinen hinteren Flügeln. Man hat sie mit den schmalen Schwanzfedern der Schwalben verglichen. Ritterfalter heißen deshalb auch Schwalbenschwänze. Doch nicht alle tragen diese Schwanzanhänge, wie der schwarz-gelb gefärbte *Papilio demoleus* aus Südostasien beweist. Und im Gegensatz zu *Graphium agamemnon* mit seinem hektisch reißenden Flug gleiten viele Ritterfalter mit ihren großen Flügeln eher elegant und scheinbar schwerelos durch die Lüfte. Der in Mittel- und Südamerika beheimatete *Papilio cresphontes* gehört dazu. Lange »Schwänze« unterstützen ihn bei seinem langsamen Segelflug. Die Schwanzanhänge an den Hinterflügeln täuschen bei manchen Arten auch Fühler vor, um Freßfeinde zu täuschen. Ein hungriger Vogel pickt dann vielleicht vergeblich nach dem vermeintlichen Kopf, der mit zusätzlichem Augenmuster noch echter erscheint. »Fühlerlos«, aber ansonsten putzmunter entkommt der Falter seinem Angreifer.

Unser einheimischer, vornehm gemusterter Schwalbenschwanz, *Papilio machaon*, steht mit seiner auffälligen Färbung den weltweit über 600 tropischen Arten nicht nach, darunter viele mit prächtig kolorierten und phantasievoll gezeichneten Flügeln. Hier gehen die Farben sanft ineinander über, dort stehen sie in hartem Kontrast. Manche prunken mit strahlend blauen Flügelpartien, andere erscheinen grün überstäubt. Bei einigen wechseln die Farben je nach Blickwinkel des Betrachters: wahre Kunstwerke der Natur. So ist es auch kein Wunder, daß diese Insektenschönheiten die Aufmerksamkeit vieler Lepidopterologen (Schmetterlingsforscher) errangen und deshalb besser untersucht sind als andere Schmetterlingsfamilien.

Graphium agamemnon, *ein Ritterfalter aus Südostasien, steht häufig wie ein Kolibri vor einer Blüte in der Luft. Er hat schwanzartige Verlängerungen an seinen hinteren Flügeln und wird deshalb auch als Schwalbenschwanz bezeichnet.*

Pause auf einem Hibiskusblatt. Der schwarzgelb gemusterte asiatische Schwalbenschwanz Papilio demoleus macht hungrigen Vögeln schöne Augen. Die auffälligen Augenflecken reizen zum Zupicken. Da der Kopf des schönen Schmetterlings bei solchen Attacken unversehrt bleibt, kommt er mit dem Leben davon.

Ein Zwerg unter den Ritterfaltern ist der langschwänzige *Lamproptera curius* mit einer Flügelspannweite unter fünf Zentimetern. Wahre Riesen dagegen sind die Vogelflügler aus Südostasien und Australien. Die Weibchen von *Ornithoptera alexandrae* sind die größten Schwalbenschwänze überhaupt. Mit Flügelspannweiten von mehr als 27 Zentimetern tun sie es den Schwalben nach. Der Naturwissenschaftler und Sammler Alfred S. Meek entdeckte diese prächtige Art im 19. Jahrhundert. Wie spätere Forschungen ergaben, lebt sie in sehr kleiner Population ausschließlich an Waldrändern im Südosten Papua-Neuguineas. Nur gelegentlich lassen sich die Vogelflügler auf dem Waldboden nieder, um Wasser zu trinken. Meist umtanzen sie die Baumkronen in beträchtlicher Höhe und sind daher äußerst schwer zu fangen. Meek ließ *Ornithoptera alexandrae* mit kleinen vierspitzigen Pfeilen schießen, um ihn untersuchen zu können.

Heute ist diese sehr seltene Art geschützt, was leider ihren Wert auf dem Schwarzmarkt für Insekten steil in die Höhe getrieben hat. Durch Übersammlung (»overcollecting«) geraten kleine Populationen schnell in die Gefahr auszusterben. Manch wohlhabender »Schmetterlingsfreund« läßt bedenkenlos einige Tausender für die Stars unter den Insekten springen. Oft werden ortskundige Einheimische auf Falterjagd in die undurchdringliche Wildnis geschickt, doch für sie bleibt von den großen Gewinnen, die beim einträglichen Handel mit seltenen Schmetterlingen abfallen, kaum etwas.

Bei den meisten Vogelflüglern unterscheiden sich die Geschlechter in Größe, Färbung und Zeichnung. Männchen und Weibchen von *Ornithoptera priamus* sehen so unterschiedlich aus, daß man sie früher für zwei verschiedene Arten hielt. Die eintönig gefärbten Weibchen haben schwarze oder braune Flügel mit hellen Flecken. So fallen sie im Licht- und Schattenspiel des Blättermeers weniger auf und können unbehelligt ihre Eier ablegen. Die Männchen sind deutlich kleiner als die Weibchen und imponieren mit strahlend gelben und grünen Farbtönen auf samtschwarzem Untergrund.

Von *Ornithoptera priamus*, der in verschiedenen Regionen des australischen Archi-

Ein prächtig gefärbtes Männchen des Vogelflüglers Ornithoptera priamus *sitzt an einem Bananenblatt.*

Das Weibchen von Ornithoptera priamus *sieht ganz anders aus. Mit seinen weißen und gelben Flecken ist es eher eintönig gefärbt.*

Mit zusammengefalteten Flügeln ruht der schön gezeichnete Passionsfalter Philaethria dido *auf einem Bananenblatt. Deutlich sind die langen Fühler, ein Facettenauge und der eingerollte Saugrüssel zu erkennen.*

ger. Außerdem lädt der intensive und abstoßende Geruch der vielen Falter Angreifer nicht gerade zum Fressen ein. Einige Forscher vermuten in der nächtlichen Versammlung noch einen weiteren Sinn: Diese Schmetterlinge tauschen Informationen über ergiebige Nahrungsquellen aus. Schlafgesellschaften gibt es übrigens auch bei einigen europäischen Arten wie Bläulingen und Widderchen.

Tagsüber hat der Passionsfalter – so heißt unsere Schlafmütze – natürlich Besseres zu tun. Wie es sich für einen Schmetterling gehört, besucht er eifrig seine Nektarquellen. Bei einer solchen Gelegenheit können wir ihn einmal genauer unter die Lupe nehmen: Die typisch langen Vorderflügel sind besonders schmal und an den Spitzen abgerundet. Lang sind auch Fühler und Hinterleib. Die schwarzgelbe Zebrazeichnung auf der Flügeloberseite sticht sofort ins Auge, und das aus gutem Grund: Sie signalisiert seine Ungenießbarkeit. Diese für Vögel und andere Feinde unangenehme Eigenschaft hat der Zebrafalter – so nennt man ihn auch – von seiner stachligen Raupe. Sie frißt ausschließlich die giftigen Blätter der Passionspflanze, was dem Schmetterling seinen Namen eintrug. Sollte trotzdem einmal ein hungriger Vogel zupicken, spuckt er, angewidert vom ekelhaften Geschmack, das Insekt sofort wieder aus, prägt sich dabei die charakteristische Warnfärbung ein und läßt fortan den giftigen Schmetterling unbehelligt.

Unser Zebrafalter hat noch etwa siebzig nahe Verwandte. Heimat der Passionsfalter sind Mittel- und Südamerika. Dort kann man sie häufig im Halbschatten unter Bäumen beobachten. Alle sind ungenießbar und machen mit kontrastreichen Farben darauf aufmerksam. Leuchtend rote, orangefarbene, gelbe und weiße Flecken und Streifen sind in vielfältigen Kombinationen auf meist schwarzem Grund angeordnet. Manchmal glänzen die Falter auch in einer blauen Tönung.

Im 19. Jahrhundert bereiste der deutsche Naturforscher Fritz Müller Südamerika. Die bunten Passionsfalter hatten es ihm wohl angetan. Er sammelte sie ausgiebig und machte dabei eine interessante Entdeckung: Obwohl unterschiedlichen Arten zugehörig, haben einige im gleichen Gebiet fliegende Falter ein fast identisches Farb- und Zeichnungsmuster entwickelt. So machen beispielsweise die beiden Pas-

An Intarsien erinnert die kontrastreiche Flügelzeichnung von Eueides isabellae.

Ein zarter Schmetterling: Agraulis vanillae *hat eine Flügelunterseite mit silbrigen Flecken, ähnlich wie unser Perlmutterfalter.*

Dryas julia *heißt dieser orange gefärbte Passionsfalter. Er ist häufig in Schmetterlingszoos zu sehen.*

Von Heliconius melpomene *gibt es mehr als zweihundert verschieden gemusterte regionale Varianten.*

sionsfalter *Heliconius melpomene* und *Heliconius erato* gemeinsame Sache in punkto Warnung – ein besonderer Fall von Mimikry. Wenn zwei Arten dieselbe unübersehbare Uniform präsentieren, verteilen sich die Angriffe noch unerfahrener Feinde auf beide Spezies. Jede für sich kommt dank gleicher Warntracht mit weniger Verlusten davon, ist also besser geschützt. Das ist der Vorteil der nach ihrem Entdecker genannten Müllerschen Mimikry.

Das Farbenspiel der Individuen innerhalb einer Art kann von Region zu Region vielfältig variieren. So kennt man von *Heliconius melpomene* mehr als zweihundert verschieden gemusterte regionale Varianten. Manche darunter mit einer Zeichnung, die an Intarsien erinnert.

Doch zurück zu unserem Zebrafalter. Gerade tanzt er vor einem Wandelröschen, einer Sammelblüte, die sich aus vielen kleinen gelb oder violett gefärbten Einzelblüten zusammensetzt. Jetzt taucht er seinen Saugrüssel in eine gelbe Blüte, dann wieder »hüpft« er schnell, zart flatternd, im Bogen zur violetten. Nach mehreren Besuchen legt er eine Pause ein. An seinem eingerollten Rüssel kleben gelbe Pollenkörner, und auch die leicht nach unten hängenden schlanken Flügel sind an einigen Stellen mit Blütenstaub bedeckt.

Unser Passionsfalter hat eine besondere Vorliebe: Wie alle Schmetterlinge trinkt er gern Nektar, reichert seinen Speisezettel aber zusätzlich mit Pollen an. Diesen verflüssigt er mit einem nach außen abgegebenen Verdauungssaft, um ihn danach aufzusaugen. Da der Blütenstaub viel Eiweiß enthält, ist dem Zebrafalter ein langes Leben vergönnt. »Normale« Schmetterlinge werden nur drei bis vier Wochen alt, ein Zebrafalter in freier Wildbahn lebt dagegen bis zu drei Monaten. Manche in Gefangenschaft gehaltene Passionsfalter werden sogar »alt wie Methusalem«. So hielt der Naturforscher William Beebe etliche Monate lang einen Zebrafalter als »Haustier« und gab ihm den Namen Higgins.

Da die schön gefärbten Falter lange leben und leicht zu züchten sind, sieht man sie häufig in Schmetterlingszoos. Manche Wissenschaftler halten Passionsfalter für besonders intelligente Insekten – sie sollen sogar zählen können.

Heliconius erato *sitzt auf Ixorablüten. Dieser Passionsfalter ähnelt* Heliconius melpomene. *Charakteristisch sind die beiden kleinen gelblichen Flecken am Rand der Vorderflügel.*

Gelungene Farbkomposition: Heliconius cydno *präsentiert sich fotogen auf Schmetterlingsflieder. Der wunderschöne Passionsfalter glänzt in einer blauen Tönung.*

Bunte Edelfalter

Ein Schmetterling – etwas größer als unser Tagpfauenauge – ruht an einem Baumstamm im costaricanischen Urwald, mit dem Kopf nach unten. Die Flügel schmiegt *Hamadryas*, so heißt unser Falter, eng an die Borke. Sie sind mit schwarz eingefaßten weißen und blauen Feldern gezeichnet, auf den Vorderflügeln je ein roter Punkt, die Hinterflügel präsentieren dunkle Augenpaare.

Hamadryas gehört genau wie unser einheimisches Tagpfauenauge oder der Kleine Fuchs zur Gruppe der Edel- oder Fleckenfalter, einer der artenreichsten Schmetterlingsfamilien der Welt. Ihre mehr als fünftausend Spezies besiedeln die unterschiedlichsten Biotope. Edelfalter fliegen in den arktischen Tundren, den gemäßigten Breiten und vor allem in den Tropen. Ein Kosmopolit unter ihnen ist der Distelfalter. Er ist in vielen Rassen überall in der Welt verbreitet, außer in Südamerika. Der bei uns vorkommende Distelfalter ist schwarz, weiß und orangefarben gefleckt. Edelfalter weisen eine schier unerschöpfliche Vielfalt an Farben, Zeichnungen und Formen auf. Manche tragen Schwalbenschwänze, ohne mit den Ritterfaltern näher verwandt zu sein. Bei einigen sind die Flügel wie Krummdolche geformt, andere wiederum ähneln in Ruhestellung, mit zusammengeklappten Flügeln, toten Blättern.

Oft sitzt *Hamadryas* am Stamm eines Urwaldbaums und trinkt vom süßen Baumsaft, der nach einer Verletzung der Rinde nach außen dringt. Genauso gern hält er sich in Obstplantagen auf und saugt den gärenden Saft abgefallener reifer Früchte. Statt sechs Beinen – wie es sich eigentlich für ein Insekt gehört – hat unser Schmetterling nur vier: ein wichtiges Kennzeichen aller Edelfalter. Das vorderste Beinpaar ist zu kleinen Putzpfoten umgebildet, mit denen *Hamadryas* Kopf und Fühler reinigt.

Während wir noch in die Beobachtung des trinkenden Falters vertieft sind, wundern wir uns plötzlich über ein leises und kurzes »Knistern« in der feuchtheißen Luft. Es kommt von oben und wiederholt sich mit kürzeren oder längeren Interval-

Ein »sprechender« Schmetterling: Das Männchen des Edelfalters Hamadryas feronia *erzeugt beim Fliegen ein knisterndes Geräusch, um ein Weibchen zum Hochzeitstanz zu verführen.*

Catonephele antinoe, *ein südamerikanischer Edelfalter, »steht« nicht nur auf Blütennektar, sondern saugt auch mit Vorliebe die Säfte stinkender Obst- und Gemüseabfälle.*

Außergewöhnliche Zeichnung: Die Natur hat dem Callicore-Falter auf die Unterseiten seiner Hinterflügel Ziffern gemalt.

Bezaubernde Schönheit: Der Edelfalter Precis orythia *aus Afrika besticht durch das intensive Blau auf den Hinterflügeln.*

len. Dieses fein und hell knackende Geräusch erinnert vage an brennende Zweige oder an elektrische Entladungen. Wir blicken in die Richtung, aus der die sonderbaren Laute kommen. Doch weder ein Feuer noch Stromleitungen sind zu sehen. Statt dessen entdecken wir einen Schmetterling, der blitzschnell durch die Lüfte jagt. Von ihm kommt das Knistern. Der Falter setzt sich, und wir erkennen ihn: Es ist unser *Hamadryas* – ein »sprechender« Schmetterling! Die Männchen erzeugen das Geräusch, indem sie im Flug Vorder- und Hinterflügel aneinanderreiben. Es soll die Weibchen zum Hochzeitstanz animieren. Wird die Werbung erhört und der Funke springt über, veranstalten die »Verliebten« wilde Flugmanöver, und schon bald ist mit Nachwuchs zu rechnen.

Wie *Hamadryas* haben auch andere Schmetterlinge Hörorgane. Das läßt sich auch aus folgendem Versuch schließen: Ein Nachtfalter fliegt in unser erleuchtetes Zimmer und sucht sich einen Platz an der Wand. Nun erzeugen wir einen hohen quietschenden Ton, indem wir beispielsweise einen feuchten Korken an einer Cognacflasche »zwitschern« lassen. Sofort fliegt der Falter erschreckt auf, reagiert also auf den durchdringenden Laut, muß ihn somit wahrgenommen haben.

Hamadryas und manch andere Edelfalter sind gar nicht so erpicht auf Blüten, sondern haben andere »Leckereien« auf ihrem Speisezettel. So ist der in den Regenwäldern des Amazonasgebietes lebende *Catonephele antinoe* ein ausgesprochener »Gourmet«. Urwaldsiedlungen ziehen ihn magisch an. In der glühenden Mittagshitze saugt der vornehm gezeichnete Falter von den Säften der stinkenden Obst- und Gemüseabfälle. Auch unser einheimischer Schillerfalter mit seinen zwischen blau und violett changierenden Flügeln ist so ein Feinschmecker. Statt Blüten zu besuchen, delektiert er sich lieber an Tierkadavern oder Exkrementen. Zur Zeit der Kutschen konnte man ihn häufig auf Pferdeäpfeln sitzen sehen.

Die Vorliebe einiger Edelfalter für unappetitliche Speisen nutzen manche Sammler für ihre Zwecke aus. Wenn sie etwa die außerordentlich farbenprächtigen südamerikanischen *Agrias*-Schmetterlinge fangen wollen, nehmen sie eine übelriechende Mixtur aus gärenden Bananen und faulem Fisch als Köder. Die Fangkäfige werden

Marpesia corinna *aus Ecuador ist ein besonders farbenprächtiger Edelfalter. Hier nimmt er gerade ein Sonnenbad. Er trägt Schwanzanhänge, ohne mit den Ritterfaltern näher verwandt zu sein.*

Edel- oder Fleckenfalter sind eine der artenreichsten Schmetterlingsfamilien. Besonders häufig sind sie in den Tropen anzutreffen. Ihre mehr als fünftausend Spezies besiedeln die unterschiedlichsten Biotope. Im Bild: der südamerikanische Adelpha iphicla.

Doxocopa cherubina, *ein Edelfalter aus Südamerika, hat sich an einer besonders feuchten Stelle des ecuadorianischen Regenwaldes niedergelassen, um mineralstoffhaltiges Wasser aufzusaugen. Seine Flügel changieren zwischen Blau und Violett, ähnlich wie bei unserem Schillerfalter.*

Ein Fangkäfig mit einer übelriechenden Mixtur aus gärenden Bananen und faulem Fisch als Köder wird hochgezogen. Die Vorliebe vieler Edelfalter für unappetitliche Speisen kann ihnen zum Verhängnis werden.

oben in die Baumkronen gehängt, wo die scheuen und flinken Falter durch die Lüfte sausen. Die seltenen, großenteils noch unerforschten *Agrias*-Arten erzielen hohe Preise im Insektenhandel. Sie werden deshalb stark bejagt – eine zusätzliche Gefährdung der ohnehin durch Biotopzerstörung bedrohten Arten.

Vorzugsweise in den bewaldeten Andenregionen leben kleine Fleckenfalter mit außergewöhnlicher Zeichnung. Die Natur hat ihnen auf die Unterseiten der Hinterflügel Ziffern gemalt. Oft eine doppelte Acht. Man bezeichnet diese Falter aus der Gattung *Callicore* deshalb auch als »Achtundachtziger Schmetterlinge«.

Statt Zahlen tragen manche Falter auch Buchstaben auf den Flügeln. Denken wir an unseren einheimischen C-Falter, dessen weiße Buchstaben auf den Flügelunterseiten unverkennbar sind. Als der norwegische Wissenschaftler und Tierfotograf Kjell B. Sandved eines Tages den Dachboden eines Museums durchstöberte, entdeckte er in alten Insektensammlungen einen Schmetterling mit dem Buchstaben F auf den ausgeblichenen Flügeln. Neugierig geworden, reiste der Naturforscher daraufhin jahrzehntelang in der Weltgeschichte umher und suchte nach Buchstaben und Ziffern auf zarten Schmetterlingsflügeln. In unermüdlicher Fleißarbeit bekam Sandved schließlich alle Buchstaben des Alphabets sowie die Zahlen von Null bis Neun zusammen. Diese Schreibübungen der Natur hat er auf einem Poster zusammengefaßt, das gelegentlich in Schmetterlingshäusern angeboten wird.

Metallisch blaue Morphos

Wir stiefeln einen schlammigen Pfad im brasilianischen Regenwald entlang und bleiben verwundert stehen. In den Baumkronen vor uns blitzt es immer wieder blau auf. Die wundersame Lichtquelle bewegt sich, hier und da von der Dunkelheit verschluckt, langsam auf uns zu und entpuppt sich schließlich als prächtiger Schmetterling mit großen, glänzend blau schillernden Flügeln. Unser blinkender Waldgeist ist ein Morphofalter, eins der schönsten Geschöpfe dieser Erde. Sie kommen ausschließlich in Mittel- und Südamerika vor. Dort leben mehr als fünfzig Arten. Besonders häufig fliegen Morphos im Amazonasgebiet. Wie Papagei, Anakonda und Jaguar spielen sie dort eine Hauptrolle im faszinierenden Naturschauspiel.

Am liebsten gaukeln die blauen Schönheiten während der heißen Tageszeit in den Baumkronen oder tanzen über den Wipfeln. Wer mit einem kleinen Flugzeug nicht allzu hoch über den Urwald dahinfliegt, wird das Aufblitzen der Morphos im gleißenden Sonnenlicht nicht vergessen. Manche Piloten berichten gar von blauen Wolken über dem grünen Blättermeer, also von größeren »Verbänden« der prächtigen Schmetterlinge.

Unser Falter gehört zur Art *Morpho peleides.* Jetzt fliegt er nicht weit von uns im lichten Unterholz. Mal »hüpft« er durch die Luft, dann wieder gleitet er geruhsam über längere Strecken dahin. Das dichte Blattwerk läßt nur wenig Sonnenlicht durch, und es entsteht ein verwirrendes Spiel von Hell und Dunkel. Im Licht leuchten die großen breiten Morphoflügel intensiv blau auf, um schon im nächsten Augenblick wieder im Schatten zu verschwinden.

Um von seinen Flugmanövern auszuruhen und sich mit Wasser zu stärken, läßt sich *Morpho peleides* auf eine besonders feuchte Stelle des Pfades nieder. Er klappt die Flügel zusammen, und wir bemerken, daß nur die Oberseiten metallisch blau schillern. Auf den Unterseiten herrschen dagegen unscheinbare Brauntöne vor. Sie sind mit je einer Reihe schwarz und gelb umrandeter Augenflecken gezeichnet. Sie haben aber wahrscheinlich – anders als die Augen unseres Tagpfauenauges – nicht die Funktion, Vögel abzuschrecken, sondern sollen wohl erschweren, den Schmetterling von seiner Umgebung zu unterscheiden. Sie machen ihn also »unsichtbar«. *Morpho peleides* öffnet wieder die Flügel. Die schillernden Blautöne lassen uns fast blinzeln. Wir können uns gut vorstellen, daß der intensive Lichteffekt angreifende Vögel blendet und abschreckt. Das Blau entsteht nicht durch Pigmente wie sonst bei Schmetterlingsfarben üblich, sondern durch Feinstrukturen der winzigen, eigentlich farblosen Flügelschuppen. Sie brechen das Sonnenlicht so, daß nur der blaue Anteil reflektiert wird.

Das Weibchen von Morpho peleides *hat etwas weniger Blau auf den Flügeln als das Männchen.*

Männchen von Morpho peleides. *Das Blau entsteht durch die Brechung des Sonnenlichts an den Feinstrukturen der Schuppen.*

Klappt Morpho peleides *seine Flügel zusammen, verschwindet das blaue Leuchten, und man sieht eine Reihe Augenflecken.*

Mit blauem Glanzpapier werden Morpho-Männchen angelockt. Sie vermuten ein Weibchen und landen im Schmetterlingsnetz.

Angezogen durch das verführerische Leuchten, nähert sich ein Artgenosse. Es ist ein Männchen. Im Gegensatz zum rastenden Weibchen hat es etwas mehr Blau auf den Flügeloberseiten. Die Ruhende bemerkt es, fliegt auf, und beide vollführen atemraubende Kunstflüge. Sie umtanzen sich aufgeregt oder verfolgen einander immer schneller auf wellenförmigen oder geschraubten Flugbahnen. Manchmal lassen sie sich abrupt fallen, um im nächsten Moment wieder mit ausgebreiteten Flügeln den Sturz abzufangen und in den Steigflug überzugehen. Kein Zweifel: Vor unseren Augen tanzt ein verliebtes Schmetterlingspaar.

Leider sind manche Arten äußerst begehrte Sammelobjekte, weil ihre schöne Farbe auch nach dem Tod nicht verblaßt. Manchmal leuchten uns die auffallend blauen Flügel aufgespießter Morphos aus Insektenkästen auf Flohmärkten oder beim Trödler entgegen – ein trauriges Ende! In ihrer Heimat Brasilien fängt man alljährlich mehrere Millionen Männchen der Art *Morpho aega* und verarbeitet sie industriell zu »Schmuck« und »Souvenirs«. Man klebt beispielsweise ihre Flügel auf Figuren aus Pappe oder verziert damit Tabletts, Tischplatten und Lampenschirme. Wer die großartigen Schmetterlinge in freier Natur bewundern durfte, dem liegt gewiß nichts am Kauf derartiger »kunstgewerblicher« Artikel.

Beim Fang einiger Arten macht man sich die Tatsache zunutze, daß die Farbe für sie ein wichtiges Erkennungsmerkmal ist. Durch langsames Hin- und Herschwenken von blauem Glanzpapier werden Männchen angelockt. Sie vermuten ein paarungsbereites Weibchen und finden sich im Schmetterlingsnetz wieder. Um an möglichst unbeschädigte Exemplare mit einem höheren Marktwert zu gelangen, ist man in einigen Teilen Brasiliens dazu übergegangen, Morphos zu züchten, statt sie der Natur zu entnehmen.

Ein großer deutscher Autokonzern hat der Natur in die Karten geschaut. Er hat einen Lack entwickelt, der lichtbrechende Moleküle mit ähnlicher Wirkung wie die Feinstrukturen auf den Flügelschuppen der Morphofalter enthält. Die »Schlitten« glänzen metallisch blau, bieten aber trotzdem nur einen schwachen Abglanz dieser großartigen Schmetterlinge.

Nicht immer sind die prunkvollen Falter willkommen. Manche Bewohner des Dschungels sehen in ihnen ein Stück des Himmels, das auf die Erde gefallen ist und ihnen Leiden bringt. Sie lasten den schönen Schmetterlingen die Übertragung der gefürchteten Malaria an, da Morphos gern über Tümpel fliegen, in denen sich die gefährlichen Stechmücken entwickeln.

Bananenfalter mit Eulenaugen

Flirrende Mittagshitze am Rande eines peruanischen Tieflandregenwaldes. Im Dickicht, nahe über dem Boden, sitzt ein handtellergroßer Schmetterling mit zusammengeklappten Flügeln: *Caligo idomeneus*. Hier im Schatten hält er Siesta. Er ist zwar ein Tagfalter, aber er meidet das Sonnenlicht und fliegt lieber im Schatten und bei Dämmerung.

Caligo idomeneus gehört zur Familie der Brassoliden. Die Verbreitung ihrer mehr als siebzig Arten ist auf Mittel- und Südamerika beschränkt. Man begegnet diesen Liebhabern des Halbschattens an Waldrändern, auf Waldpfaden, manchmal auch in Siedlungen, dort besonders in Gärten. Mit Flügelspannweiten von über zwanzig Zentimetern zählen einige *Caligo*-Arten zu den größten Tagschmetterlingen Südamerikas.

Die Flügelunterseiten des Eulenschmetterlings – so nennen ihn die Einheimischen – sind mit eher unauffälligen Brauntönen in feiner Marmorierung grundiert. Auf den Unterseiten der hinteren Flügel jedoch sticht ein kräftiger dunkler Fleck mit heller Umrandung hervor: Das sieht aus wie ein Eulenauge mit schwarzer Pupille in gelber Iris. Die Imitation von Glanzlichtern läßt es noch echter erscheinen. Außerdem unterstreichen feine wellige Linien den Eindruck, erinnern sie doch an die kleinen Kopffedern der Nachtvögel.

Unser Eulenfalter hält seine Flügel stets geschlossen, wenn er ruht. Daher kann ein Angreifer immer nur ein »Auge« sehen. Die imposante Größe dürfte ihn so sehr

Die Augenmuster erinnern an Augen von Nachtvögeln. Deshalb nennt man Caligo idomeneus *auch Eulenschmetterling.*

Eulenfalter sind sehr große Tagschmetterlinge. Sie leben in Mittel- und Südamerika. Hier: Caligo memnon.

Lieblingsspeise von Caligo memnon *sind überreife Bananen. Er süffelt den süßen gärenden Saft und bekommt davon einen Schwips.*

Hungrige Raupen des Eulenfalters auf einem Bananenblatt. Man bekämpft sie mit ökologisch bedenklichen Insektiziden.

einschüchtern, daß er das Weite sucht. Trifft ein verirrter Lichtstrahl die Warnzeichnung, wird der bedrohliche Eindruck noch verstärkt.

Abends sehen wir unseren Falter langsam, fast taumelnd umherfliegen. Er ist nur schwer zu erkennen. Dazu tragen sicher auch die braunen, schwarzen und blauen Farbtöne auf den Flügeloberseiten bei. Ein ganz seltsames Rascheln begleitet seinen Flug. Anders als andere Schmetterlinge läßt er seine großen Flügel nicht nur um etwa 20 Grad nach oben und unten ausschlagen, sondern nahezu in einem Halbkreis. Dabei entstehen kleine hörbare Turbulenzen in der Luft. Das Geräusch soll vermutlich freßlustigen Vögeln den Appetit verderben. Von Feinden unbehelligt, erreicht *Caligo idomeneus* nach kurzem Flug durch die Dämmerung sein Schlaraffenland: die Bananenplantage.

Dort hockt er gern in Gesellschaft von Artgenossen auf abgefallenen Bananen und süffelt den süßen, gärenden Bananensaft. Es kann sogar geschehen, daß der Trunkenbold von seinem »Bananenwein« Schlagseite bekommt. Dann könnte der benebelte Falter leicht einem Freßfeind zum Opfer fallen. Doch wieder helfen ihm seine eindrucksvollen »Augen«. Der Tropenbiologe Allen M. Young stellte fest: Augenmuster sind gerade bei Schmetterlingen verbreitet, die sich von gärenden Früchten ernähren. Auch wenn die auffallende Zeichnung einen Räuber nicht unbedingt in die Flucht schlagen sollte, kann sie ihn doch für einen Augenblick irritieren. Diese Schrecksekunde reicht dem Beschwipsten, wieder einen klaren Kopf zu bekommen und wegzufliegen.

Obwohl »Alkoholiker«, erreicht der Bananenfalter – so nennt man ihn auch – ein gesegnetes Schmetterlingsalter. Mit dem Bananensaft tankt er nämlich viel Energie und lebt bis zu sechs Wochen. So findet er genügend Zeit – sofern sich nicht die Partner in ihrem Rausch beim Hochzeitsflug verfehlen –, intensiv für Nachwuchs zu sorgen. Zum Ärger der Plantagenbesitzer: Vernaschen doch die unersättlichen Raupen massenhaft Bananenblätter. Aus der Luft rückt man ihnen mit ökologisch höchst schädlichen Insektengiften zu Leibe, vielfach auch ohne Rücksicht auf die Gesundheit der dort arbeitenden Menschen.

Der Suff ist keine Spezialität der Eulenfalter. Im Spätsommer verwandeln sich auch für einige bei uns heimische Schmetterlinge die Gärten in Wirtshäuser. Fallobst lockt den Kleinen Fuchs, das Tagpfauenauge und den Admiral an. Mit ausgestülptem Rüssel saugen sie dann wie durch einen Strohhalm die gärenden Obstsäfte. Wer Falter in den Garten locken möchte, kann das Sortiment an Alkoholika noch erweitern und die bunten Gäste mit folgenden Schmetterlingscocktails verwöhnen: Honig, Bier, Apfelmus oder Rotwein mit Zucker oder Obstmus mit Rum. Prost!

Monarchen mit Tiffany-Flügeln

Kleiner Schmetterling auf großer Reise. Verloren über der unendlichen Weite des Atlantiks fliegt ein Monarch (*Danaus plexippus*). Mal wird er vom Sturm wie ein Blatt durch die Luft gewirbelt, dann wieder segelt er, vom Wind getragen, oder er strebt bei Flaute mit kräftigen Flügelschlägen voran. Eigentlich hatte ihn ja seine Reise aus der Region der Great Lakes nach Mexiko führen sollen. An der Ostküste Floridas wagte er sich aber zu weit übers offene Meer hinaus und wurde von starken Westwinden ergriffen. Nun blasen sie unseren armen Schmetterling immer weiter über den Ozean in Richtung Europa. Zufällig entdeckt der Verirrte einen Frachter und rastet auf der Reling. Eine kurze Strecke fährt er als blinder Passagier mit. Vielleicht hält der Monarch das Schiff für eine Insel und will Nektar tanken. Allen Entbehrungen zum Trotz erreicht der zählebige *Danaus plexippus* nach fast zwei Wochen völlig erschöpft Südengland. Eine gewaltige Strecke von etwa 8000 Kilometern liegt hinter ihm.

Monarchen sind nicht so zart und empfindlich wie andere Schmetterlinge. Flügeladern und Flügelmembran haben fast lederartige Konsistenz und sind erstaunlich stabil. Attacken ihrer Feinde überstehen die Monarchen häufig nahezu unbeschadet. Sie können sehr lange ohne Pause fliegen und haben sich große Teile der Subtropen in aller Welt erobert.

Der Monarch, Danaus plexippus, *ist ein bekannter Wanderfalter, der riesige Strecken zurücklegt. Seine orangeroten Flügel mit den schwarzbraunen Adern tragen ein Muster, das der Werkstatt Tiffanys zu entstammen scheint.*

Der Schmetterlingskundler Fred A. Urquhart befaßte sich eingehend mit dem Zugverhalten der nordamerikanischen Population dieses faszinierenden Wanderfalters. Zweimal im Jahr machen sich unzählige Schmetterlinge zu weiten Wanderungen auf. Urquhart ließ federleichte Papierstückchen auf die Flügel eingefangener Monarchen kleben und schickte die Falter wieder auf Reisen. Jahrzehntelang kartierte er die Wiederfunde.

Ein kleinerer Teil der Population zieht im Spätsommer vom südwestlichen Kanada zur Küste Kaliforniens, um dort zu überwintern. Im Frühjahr geht es dann wieder retour. Der weitaus größere Teil der Monarchfalter – schätzungsweise 100 Millionen – wandert von Südostkanada gen Süden in Regionen am Golf von Mexiko. Lange rätselte man, wo die Falter den Winter verbringen, denn in Texas verlor sich die Spur. Im Januar 1975 stießen Holzfäller zufällig auf die Lösung. Als sie in ein schwer zugängliches Hochtal nahe der mexikanischen Hauptstadt gelangten, bot sich ihnen ein phantastischer Anblick – Millionen von Schmetterlingen saßen in dicker Schicht auf den Bergtannen, so daß der ganze Wald in leuchtendes Orangerot getaucht schien. Unter dem Gewicht der Faltermassen brach gar der eine oder andere Ast einfach ab.

Später stellte sich heraus: Urheber des überwältigenden Naturspektakels war *Danaus plexippus*, der hier überwintert. Im Frühjahr zieht es ihn wieder fort, weil seine giftige Raupenfutterpflanze, ein Schwalbenwurzgewächs der Gattung *Asclepias*, im südlichen Hochland Mexikos nicht gedeiht. Zuerst wandert er zurück in die Golfregion. Dort legen die Weibchen ihre Eier ab und sterben. Die drei bis vier Folgegenerationen ziehen immer weiter nordwärts, bis der Monarch schließlich wieder im Süden Kanadas ankommt. Hier verbringt er die warme Jahreszeit. Wird es ihm im Spätsommer zu ungemütlich, zieht er in umgekehrter Richtung wieder zurück. Schmetterlinge der letzten Herbstgeneration sind besonders ausdauernde Flieger und können große Entfernungen überwinden. Manche gelangen von Florida aus im Nonstop-Flug über den Golf von Mexiko bis in ihr Winterquartier. Das sind etwa 2000 Kilometer. Viele Fragen dieses phänomenalen Zuggeschehens sind noch

Idea leuconoe *rastet. Oft schwebt er elfenhaft im südostasiatischen Regenwald dahin.*

Die mit schwarzen Linien und Flecken edel gemusterten Flügel von Idea leuconoe *sind an den Ansatzstellen gelblich überhaucht.*

offen. Wie finden die Monarchen jedes Jahr erneut in ihr genau begrenztes Überwinterungsgebiet? Orientieren sie sich nach dem Stand der Sonne? Oder besitzen sie gar Rezeptoren für das Magnetfeld der Erde?

Manchmal kommen wandernde Monarchen vom rechten Weg ab und werden von den Winden in ferne Länder verdriftet. Unser Irrgast in England ist so ein Beispiel. Er kann dort aber nicht heimisch werden, weil seine Raupenfutterpflanze fehlt.

Schon vor langer Zeit hat es Monarchschmetterlinge auch über den Pazifischen Ozean zur anderen Seite des Globus verweht. Dort in Südostasien, Neuseeland oder Australien fühlten sie sich schnell zu Hause, weil ihre Raupen das Richtige zu fressen finden und das Klima stimmt.

Der Monarch ist Angehöriger der etwa 300 Arten umfassenden Schmetterlingsfamilie der Danaiden. Seine kräftig orangeroten Flügel sind von schwarzbraunen Adern durchzogen. Die dunklen Flügelränder, Kopf und Brust sind weiß gepunktet. Die netzartige Musterung scheint der Werkstatt des Jugendstil-Designers Tiffany zu entstammen. Der Monarch und viele andere Danaiden sind giftig und signalisieren das durch ihre Warnfärbung. Wenn beispielsweise ein Monarch von einem Vogel bedroht wird, flieht er nicht, sondern präsentiert »selbstbewußt« seine ausgebreiteten Flügel. Danaiden sind meist gesellige Tiere. Oft umfliegen sie in dichten Schwärmen blühende Sträucher oder sitzen massenhaft an Wasserstellen.

In den Regenwäldern Südostasiens lebt ein Verwandter des Monarchen, der ein wenig aus der Art schlägt. Mit einer Spannweite von etwa zwölf Zentimetern ist *Idea leuconoe* ein besonders großer Vertreter der Danaiden. Seine elastischen, milchfarbenen, mit schwarzen Linien und Flecken edel gemusterten Flügel sind an den Ansatzstellen gelblich überhaucht. Mit sanften, bedächtigen Flugbewegungen schwebt *Idea* wie eine Elfe elegant im Wald dahin, das dämmerige Licht schimmert durch seine dünnen Flügel: ein grazilier, zerbrechlich wirkender Schmetterling, so ganz anders als unser robuster Monarch.

Danaus gilippus, *ein Monarchfalter aus Mittelamerika, ruht an einer zarten Hibiskusblüte. Seine kontrastreich gefärbten Flügel veranlassen hungrige Freßfeinde, auf den Genuß des giftigen und übelschmeckenden Schmetterlings zu verzichten.*

Eindrucksvolle Nachtfalter

Kein Lüftchen regt sich im indischen Urwald. Trotzdem ist ein angewelktes Ligusterblatt in Bewegung. Unregelmäßig ruckt es mal nach hier, mal nach da. Die aufgehende Sonne bringt Licht ins Waldesdunkel. Aus dem bewegten Blatt zwängt sich mühsam ein häßliches Etwas. Wie feuchte Lappen hängen lange Flügel traurig herab. Am Kopf sitzen zwei kammförmige Fühler.

Drei Stunden später – wir trauen unseren Augen kaum – sitzt ein riesiger Schmetterling mit majestätisch ausgebreiteten Flügeln am Blatt. Sie sind in verschiedenen Brauntönen reich gemustert. Auch gedecktes Grün und Gelb sind eingemischt. Das Blatt hat sich als gut getarnter Kokon entpuppt. Um ans Licht der Welt zu gelangen, hatte der Falter die Gespinstfäden am oberen Pol des Kokons mit einem Sekret aufgeweicht. Kurz danach pumpte er Blutflüssigkeit in seine Flügeladern und wartete, daß die Flügel sich festigen und trocken werden. Was die Fläche seiner Flügel betrifft, ist der Atlasfalter – so heißt unser beeindruckender Schmetterling – der größte Nachtfalter der Welt. Auch seine Flügelspannweite kann sich sehen lassen: 28 Zentimeter. Zum Vergleich: Der kleinste Nachtfalter der Erde, eine Miniermotte von den Kanarischen Inseln, hat eine Flügelspannweite von nur zwei Millimetern, wenig größer als ein Stecknadelkopf.

Attacus atlas, wie ihn der Wissenschaftler nennt, gehört zu den Augenspinnern, von denen es weltweit mehr als 1200 Arten gibt. Die meisten leben in den afrikanischen und amerikanischen Tropen. Viele Augenspinner zählen zur Crème der Nachtschmetterlinge. Die zumeist sehr großen, manchmal bizarr geformten Falter überzeugen durch ein vornehm zurückhaltendes Farbdesign. Die Dessins erinnern vielfach an edle Brokate. Augenflecke »schauen« uns an, aufgerissen, halb geschlossen, schläfrig oder mit stechendem Blick. Die ausgewachsenen Raupen vieler Arten spinnen Kokons, in deren Schutz sie sich verpuppen. Daraus läßt sich im übrigen auch Seide gewinnen. Beispielsweise stellt man in Nordindien aus den kurzen Fäden, die die Raupe des Atlasfalters produziert, die Fagara-Seide her. In

Für einen Nachtfalter fast schon zu bunt: Die Hinterflügel von Urania leilus *aus Südamerika schillern grün und blau und haben zwei schwanzartige Anhänge. Der Schmetterling sieht ein bißchen aus wie ein Düsenjäger. Er gehört zu den tagaktiven Nachtfaltern.*

An vier Stellen der großen Flügel von Rothschildia jacobeae, *einem eindrucksvollen Augenspinner aus Südamerika, fehlen die Schuppen, so daß die pergamentartige Flügelmembran freiliegt. Hungrige Vögel werden geblendet, wenn diese Stellen Sonnenlicht reflektieren.*

Der riesige Atlasfalter aus Asien lebt nur ein bis zwei Wochen: Ihm fehlt der Saugrüssel. Er muß auf Nahrung verzichten.

Flügelspitze eines Atlasfalters: Hungrige Vögel lassen sich vielleicht von der grimmig dreinblickenden Schlange abschrecken.

Aus dem richtigen Blickwinkel betrachtet, sieht der Kometenfalter aus wie eine Primaballerina beim Spitzentanz.

Ein Kometenfalter sitzt an seinem Kokon. Deutlich sind die großen Fühler zu sehen, mit denen er sehr gut riechen kann.

Thailand und anderen Ländern Südostasiens züchtet man Atlasfalter in großem Stil, um sie später – aufgespießt oder aufgeklebt – zu verscherbeln.

Unser frisch geschlüpfter schöner Schmetterling ist ein Männchen. Das erkennen wir an seinen großen, doppelt gefiederten Fühlern. Den Tag verschläft er bewegungslos an seinem Kokon. Die Flügel sind aufgeklappt wie bei Nachtfaltern üblich. Ein gefundenes Fressen für hungrige Vögel – wenn nicht diese Schlangenköpfe wären. So jedenfalls sehen die Zeichnungen auf den sichelförmig ausgezogenen Vorderflügelspitzen aus. Sollte diese Warnung noch nicht genügen, Feinden den Appetit zu verderben, helfen vielleicht die durchscheinenden dreieckigen Felder in den Flügeln. Hier fehlen die Schuppen, so daß die pergamentartige Flügelhaut freiliegt. Angreifer werden geblendet, wenn diese Stellen Sonnenlicht reflektieren.

Gegen Abend wird unser Falter unruhig und verläßt mit kräftigem Flügelschlag den Kokon. Er hat jetzt nur ein Ziel: ein Weibchen zu finden. Da er in der Dämmerung oder Dunkelheit kaum oder gar nicht sehen kann, muß er sich auf andere Weise orientieren. Seine Fühler helfen ihm weiter. Auf ihren großen Oberflächen sitzen Abertausende von Geruchssinneszellen, mit deren Hilfe der Atlasfalter den Sexuallockstoff seiner Zukünftigen wahrnimmt. *Attacus atlas* goutiert nur das Parfum von Artgenossinnen. Eine Verwechslung mit Augenspinnerdamen anderer Arten ist ausgeschlossen, denn die Duftnoten sind jeweils artspezifisch. Schon wenige Duftmoleküle bringen den Heiratskandidaten auf die richtige Spur. Schnell wird er fündig, selbst wenn das Weibchen in mehreren Kilometern Entfernung auf in wartet. Noch auf dem Kokon, aus dem die Auserwählte vor wenigen Stunden geschlüpft ist, feiert das Paar Hochzeit.

Wenig später ist's um die beiden schon geschehen. Die Lebensuhr der riesigen Atlasfalter läuft nämlich bereits nach ein bis zwei Wochen ab. Sie können keine Nahrung aufnehmen, weil ihnen der Saugrüssel fehlt. Während ihres kurzen Daseins zehren sie von den Reserven, die sich ihre zwölf Zentimeter lange, daumendicke Raupe angefressen hat. Auch manchem europäischen Nachtfalter fehlen

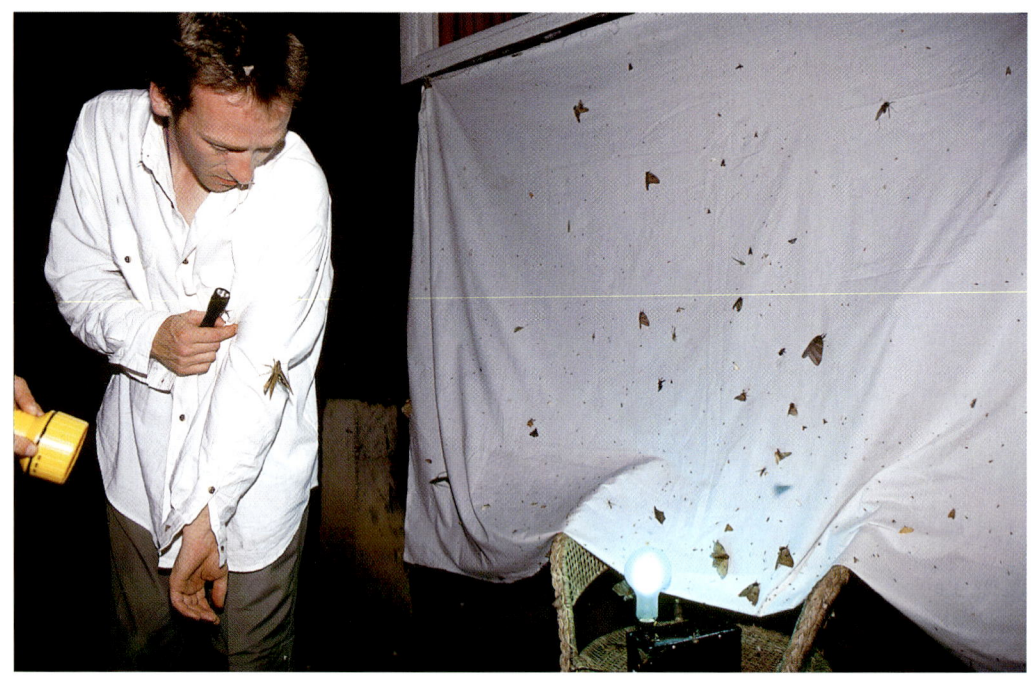

Nacht in Ecuador: Auf dem weißen Tuch haben sich viele kleine Nachtfalter niedergelassen. Auf dem Hemd sitzt ein großer Schwärmer. Licht mit hohem UV-Anteil wirkt besonders anziehend auf die Tierchen. Auf diese Weise werden immer wieder neue Arten entdeckt.

Der Götterbaumspinner, Samia cynthia. *Charakteristisch sind die kleinen Augenflecken auf den Spitzen der Vorderflügel und die transparenten Halbmonde in der Mitte jeden Flügels. Die Raupe ernährt sich vorzugsweise von den Blättern des Götterbaums.*

Prächtig gelb und grün gestreift: ein Uraniafalter in Costa Rica. Er sitzt an einer feuchten Stelle der Baumrinde und saugt vom süßen Baumsaft. Immer wieder fliegt er diese ergiebige Nahrungsquelle an.

Mundwerkzeuge. So müssen zum Beispiel das Kleine und das Große Nachtpfauenauge auf Nahrung verzichten. Ein kurzes Leben nur für die Liebe.

Ähnlich geht es dem skurril anmutenden gelben Kometenfalter (*Argema mittrei*) aus Madagaskar, auch er ein Augenspinner. Die extrem verlängerten Hinterflügel haben ihm seinen Namen eingetragen; sie erinnern an Kometenschweife. Beim Männchen sind sie etwa dreimal so lang wie der Körper. Aus dem richtigen Blickwinkel betrachtet, sieht *Argema mittrei* aus wie eine Primaballerina beim Spitzentanz. Leider landet der Riesennachtfalter mit der exzentrischen Gestalt viel zu oft im Insektenkasten, wo seine dezenten Farben rasch verbleichen. Soll er doch lieber unter freiem Himmel tanzen und sich seines kurzen Lebens freuen.

Wundersame Verwandlung

Vor kurzem noch war der große blaue Morpho eine kleine grüne Puppe. Jetzt gaukelt er in den Baumkronen. Bald feiert er Hochzeit. Nichts erinnert mehr an seine wechselvolle Vergangenheit: zunächst ein kleines Ei, dann eine nimmersatte Raupe und schließlich eine starre Puppe.
Schmetterlinge sind Verwandlungskünstler par excellence. Sie verändern nämlich nicht nur ihr Äußeres, sondern auch den inneren Bau und die gesamte Lebensweise. Die längliche Raupe kriecht auf der Pflanze und frißt Blätter, während der zartgliedrige Schmetterling von Blüte zu Blüte fliegt und Nektar saugt. Der Unterschied könnte nicht größer sein! Er erleichtert diesen wunderschönen Insekten das Dasein: Raupe und Schmetterling konkurrieren nicht um Nahrung und Lebensraum, kommen sich also nicht ins Gehege. Das entscheidende Stadium während der Metamorphose ist die Puppe. Geborgen im Schutz ihrer Hülle, verwandelt sich die Raupe in den Schmetterling.
Obwohl die Wissenschaft schon viel Licht in dieses faszinierende Geschehen gebracht hat, das uns stets aufs Neue in Erstaunen versetzt, ist es immer noch ein großes Wunder. Die Geburt eines Schmetterlings hat seit jeher die Phantasie der Menschen angeregt. In der griechischen Mythologie und der christlichen Symbolik steht sie für die Befreiung der Seele von den Fesseln des Körpers. Brasilianische Indianer ahmen beim Tod eines Angehörigen tänzerisch den Flug des Morphos nach – Sinnbild für die Reise der Seele in den Himmel.

Wenn Schmetterlinge Hochzeit feiern

Vor hundert Jahren sperrte der französische Insektenforscher Jean-Henri Fabre ein Nachtpfauenaugenweibchen eine Nacht lang unter eine Drahtglocke. Er machte eine überraschende Entdeckung: Nicht weniger als zwanzig Männchen flogen durch das offene Fenster ein, umschwärmten das Gefängnis und machten der Eingeschlossenen den Hof.

Die Kavaliere hatten durch die Dunkelheit den Weg zum Weibchen gefunden. Fabre schloß daraus, daß Nachtschmetterlinge besonders gut riechen können. Heute weiß man, daß bei vielen Arten die Schmetterlingsdamen Lockstoffe aussenden. Die Schmetterlingsherren finden auf dieser unsichtbaren Duftstraße mit traumwandlerischer Sicherheit zu ihrer Angebeteten. Schmetterlinge riechen mit ihren Fühlern. Bei Nachtfaltern sind diese »Nasen« besonders ausgeprägt; sie sind wie Kämme geformt und äußerst sensibel. Vielfach können die Männchen selbst über eine Entfernung von zehn Kilometern ein Weibchen aufspüren.

Während der Paarung werden gelegentlich weitere Männchen vom Schmetterlingsparfum angelockt und wollen sich auch am Liebesspiel beteiligen. Bei manchen Arten werden sogar Puppen für liebestolle Männchen zum Objekt der Begierde. Dann ist sicher: Hier entwickelt sich ein Weibchen. Die Pheromone (Lockstoffe) durchdringen nämlich die Puppenhülle.

Die Männchen einiger Passionsfalterarten versehen ihre Partnerin nach der Hochzeit mit einer übelriechenden Substanz, die garantiert Nebenbuhlern die sexuellen Gelüste austreibt. Mit diesem »Keuschheitsgürtel« haben sich die Bräute in wahre »Stinkbomben« verwandelt, statt zu »duften«.

Beim dämmerungsaktiven Eulenfalter verbreitet das Männchen den Lockduft. Auf den Hinterflügeln hat es haarförmige Duftschuppen. Weibchen werden magisch angezogen. Erst nach einer heftigen, manchmal stundenlangen Verfolgungsjagd lassen sich die Hochzeiter an einem ruhigen Platz nieder, vielleicht auf einem Bananenblatt. Zum Hochzeitsritual gehört anscheinend auch, daß das Männchen

Hochzeitstanz von Dryas julia. *Das Passionsfalter-Weibchen sitzt mit abgesenkten Flügeln und leicht aufgebogenem Hinterleib auf einem Blatt und vibriert am ganzen Körper. Schon tanzt ein paarungsbereites Männchen an.*

unmittelbar vor der Paarung mit seinen Fühlern rhythmisch auf die Hinterflügel der Favoritin tupft.

Bei Tagschmetterlingen spielt die Duftsprache für die Partnerfindung eine geringere Rolle. Sie erkennen sich häufig an Farben und Mustern auf ihren Flügeln. Im gaukelnden Hochzeitsflug zeigen sie sich von der schönsten Seite. Die uns vertrauten Tagpfauenaugen schrauben sich bei ihrer Balz vierzig bis fünfzig Meter hoch in die Lüfte, um dann gemeinsam in die Tiefe zu taumeln. Die Männchen mancher Schwalbenschwanzarten umtanzen weithin sichtbare Bäume oder Hügelkuppen. So präsentieren sie sich und bitten paarungswillige Weibchen zum Rendezvous. Bei den Passionsfaltern geht die »Verführung« von den Weibchen aus. Sie setzen sich mit abgesenkten Flügeln und leicht aufgebogenem Hinterleib auf eine Blüte oder ein Blatt und vibrieren am ganzen Körper. Dann tanzen die Männchen an.

Bei der Werbung der Monarchen spielt ein Brautgeschenk eine Rolle, und zwar ein ausgesprochen giftiges. Das Männchen kann am Ende seines Hinterleibs zwei kleine Haarpinsel ausstülpen. Diese sind mit winzigen Partikeln bedeckt, die den Lockstoff Danaidon enthalten. Kommt ein Weibchen geflogen, geht das Paar auf Tuchfühlung, und das Männchen reibt seine Haarpinsel an ihren Fühlern. Der dabei übertragene Lockstoff soll die Umworbene in Hochzeitsstimmung versetzen. Das Pheromon Danaidon ist Umwandlungsprodukt von Alkaloiden, die im Nektar bestimmter Blütenpflanzen enthalten sind. Diese Stickstoffverbindungen sind giftig und schützen die Pflanzen vor Freßfeinden. Dem Monarchen können die Substanzen aber nichts anhaben. Das Männchen speichert sie in bestimmten Drüsen. Einen kleinen Teil davon wandelt er in sein spezifisches Schmetterlingsparfum, das Danaidon, um. Kommt es zur Paarung, gibt das Männchen die gespeicherten Alkaloide an das Weibchen weiter. Sie gelangen schließlich in die Eier und schützen diese vor hungrigen Eierdieben. Dem Monarchen ist es gelungen, aus dem Abwehrstoff der Pflanze einen Schutz für seine Eier zu zaubern. Wie üppig das giftige Brautgeschenk ausfallen wird, können die Weibchen an der Menge des Danaidons erkennen. Gibt ein Männchen bei seinen Annäherungsversuchen viel von seinem

Heliconius cydno *bei der Paarung. Wie Schlüssel und Schloß sind die Passionsfalter innig miteinander verbunden.*

*Eulenfalter (*Caligo memnon*) feiern Hochzeit auf einem Bananenblatt, das später die kleinen hungrigen Raupen satt macht.*

Vom betörenden Schmetterlingsparfum angelockt, will sich ein weiteres Männchen von Papilio demoleus *am Liebesspiel beteiligen.*

Zwei männliche Zebrafalter sitzen an einer weiblichen Puppe. Lockstoffe, die die Hülle durchdringen, haben sie angezogen.

Lockstoff ab, kann das Weibchen auf ein großzügiges Brautgeschenk hoffen und davon ausgehen, daß eine große Anzahl Eier durch das Gift geschützt sein wird. Deshalb erhören die Weibchen bevorzugt Männchen mit üppigem Danaidon-Angebot. So sichern sie ihrem Nachwuchs bessere Überlebenschancen.

Manche Falter nehmen sich viel Zeit für die Hochzeit. Eulen- und Passionsfalter sind bis zu sechs Stunden im Liebesrausch. Die riesigen Atlasfalter gönnen sich sogar 24 Stunden. Wie Schlüssel und Schloß sind die Partner innig miteinander verbunden. So vereint, können manche bei einer Störung sogar zusammen wegfliegen, wobei meist das Männchen die Partnerin durch die Luft zieht.

Passionsfalter tun dies auch freiwillig: Der Bräutigam fliegt die Braut spazieren. Sie läßt sich gern von ihm in den siebten Himmel entführen. Die Liebe ist ein seltsames Spiel ...

Klein, aber fein: das Ei

Schon bald nach der Hochzeit stellt sich beim Eulenfalter der Nachwuchs ein. Mit einem klebrigen Sekret heftet das Weibchen viele kleine weißliche Eier an ein Bananenblatt. Dabei hält es sich an keine bestimmte Regel. Mal sitzen die Eier auf der Oberseite, mal auf der Unterseite. Sie sind einzeln, in Reihen oder in kleinen Gruppen angeordnet. Vor der Eiablage hat das Weibchen sorgfältig die richtige Futterpflanze ausgewählt, damit sich später die hungrigen Raupen gleich wie im Schlaraffenland fühlen können.

Vermutlich ist der Geruchssinn für das Aufspüren der richtigen Pflanzen entscheidend. Ein Versuch mit Kohlweißlingen läßt darauf schließen: Sie fielen auf ungeeignete Pflanzen herein, die man mit einem Extrakt aus Kohlblättern präpariert hatte. Auch das Verhalten eines afrikanischen Ritterfalters (*Papilio demodocus*) stützt diese Annahme. Sein Weibchen sucht Citruspflanzen zur Eiablage auf. Anscheinend orientiert es sich mehr am typischen Citrusduft als am Aussehen. Vom intensiven

Gelege des Eulenfalters Caligo memnon *auf einem Bananenblatt. Zwei kleine Raupen sind bereits geschlüpft. Die Eihüllen sind ihr erster Imbiß. Sie haben sie bis zur Basis aufgefressen. Viele zarte, in Meridianrichtung verlaufende Rippen zieren die Oberfläche der weißlichen Eier.*

Geruch eines zwischen den Fingern zerriebenen Blattes läßt sich manches Weibchen irreleiten; es hält die duftende Hand für die Raupenfutterpflanze und legt dort Eier ab.

Bei einigen Arten werden »schwangere« Schmetterlingsweibchen gelegentlich während der Eiablage von heiratslustigen Männchen belästigt. Das lassen sie sich nicht gefallen und geben dem Lüstling ein entsprechendes Signal. Bei einer afrikanischen Edelfalterart (*Hypolimnas misippus*) wurde beobachtet, daß die Umworbene sich mit zitternden Flügelschlägen langsam mehr als zehn Meter in die Luft erhebt. Das Männchen folgt zunächst, gibt aber schließlich auf, und das Weibchen kann ungestört die Eier ablegen. Unbefruchtete Weibchen zeigen dieses Verhalten nicht.

Zwar machen sich die Schmetterlingsweibchen nach der Eiablage davon, doch ist ein beträchtliches Maß an Vorsorge im Spiel. So garantiert bereits eine große Zahl, daß hinreichend viele Nachkommen überleben und den Bestand der Art sichern helfen. Ein Passionsfalterweibchen legt beispielsweise im Laufe seines Lebens über tausend Eier.

Vorsorge prägt auch die Methode der Eiablage, die von Art zu Art variiert. Das beginnt mit der Wahl der passenden Pflanzen. Meistens werden die Eier direkt auf den Blättern der Raupenfutterpflanzen abgelegt, es können auch einmal die Blüte oder der Stengel sein. Bei manchen Arten, deren Raupen Gräser fressen, lassen die Weibchen ihre Eier im Fluge fallen. So verteilen sie ihren Nachwuchs über ein größeres Gebiet und sorgen dafür, daß sich die Raupen nicht ums Futter streiten müssen. Die Weibchen vieler Arten ziehen junge Triebe und Blätter für die Eiablage vor. Deren Zellwände sind noch dünn und lassen sich von den hungrigen Raupen leicht zerbeißen. In diesem Zusammenhang ist auch der Zeitpunkt der Eiablage von Bedeutung. Erfolgt sie zu früh, putzen die Raupen das zaghafte Grün ratzekahl weg und müssen dann darben. Legt der Schmetterling die Eier zu spät, können die jungen Raupen die festen Triebe und Blätter nicht mehr durchbeißen.

Schutz der Eier ist ein weiteres Vorsorgeprinzip. Tropische Ritterfalter kleben sie oft einzeln und in zufälliger Verteilung auf Blätter. So werden die Eier leichter von Ameisen und Raubwanzen übersehen. Häufig deponieren Ritterfalter die Eier auf die Unterseite von Citrusblättern. Das Weibchen setzt sich auf den Rand und biegt seinen Hinterleib unter das Blatt. Hier sind die Eier gut vor Austrocknung durch Sonnenwärme, vor heftigen Regenfällen und vor dem Blick mancher Feinde geschützt. Die Eier vieler Arten sind grün, gelb oder bräunlich gefärbt. Sie sind optisch der Umgebung angepaßt und damit gut getarnt. Eier mancher Morphoarten erinnern an kleine Wasserperlen. Die Eier des Monarchen sind giftig. Einige Edelfalterarten bedecken ihre Gelege mit haarähnlichen Schuppen, um sie vor Sicht und Austrocknung zu schützen. Es gibt in Südamerika einen Schmetterling, der seine Eier mit mehreren ringförmigen »Schutzzäunen« umgibt. Diese bestehen aus sehr scharfen großen Flügelschuppen und können Angreifer erheblich verletzen.

Um nicht Opfer gefräßiger Raupen zu werden, haben manche Pflanzen verblüffende Strategien zur Verhinderung der Eiablage entwickelt. Passionsfalter legen ihre Eier auf Passionspflanzen. Einige Passionsfalterarten erkennen das zukünftige Raupenfutter visuell. Die Passionsblume imitiert nun Blattformen von Pflanzen, die für diese Arten uninteressant sind, und schützt sich dadurch vor dem Schmetterlingsnachwuchs. Trotzdem ist es einigen Passionsfalterarten bereits gelungen, die wahre Identität der Blätter zu ermitteln. Sie trippeln mit ihrem ersten Beinpaar leicht auf den Blättern. Möglicherweise erkennen sie an der Resonanz des Blattes die Artzugehörigkeit der Pflanze. Manche Passionspflanzen ahmen mit kugeligen, an kleine Gallen erinnernden Auswüchsen auf den Blättern Schmetterlingseier nach und täuschen damit legebereite Weibchen. Diese fliegen weiter und suchen sich unbesetzte Blätter, damit die Brut ausreichend zu fressen hat. Es gibt sogar Passionspflanzen, die Ameisen beschäftigen. Die kleinen Insekten fressen Schmetterlingseier und wehren »trächtige« Schmetterlingsweibchen ab. Als Lohn winkt ihnen Nektar, den die Pflanzen in speziellen Drüsen auf den Blättern produzieren. Form, Oberflächenbeschaffenheit und Größe der Schmetterlingseier sind sehr viel-

Die kugeligen Eier des Vogelflüglers Ornithoptera priamus *an der Unterseite eines Blattes. Hier sind sie gut vor Austrocknung durch Sonnenwärme, vor heftigen Regenfällen und vor den Blicken hungriger Feinde geschützt.*

Thyridia psidii *aus der Familie der Ithomiiden hat durchscheinende Flügel. Das Weibchen sitzt am Rand eines Blattes, biegt seinen Hinterleib nach oben und legt die Eier an der Blattunterseite ab. Dort können sie sich ungestört entwickeln.*

fältig. Sie können kugelige, ovale, birnen- oder napfkuchenförmige Gestalt haben. Ja, es gibt sogar scheibenförmige und eckige Eier. Auch hinsichtlich der Oberflächenstruktur erweist sich die Natur als sehr erfinderisch: Manche Eier sind von schmalen Chitinleisten netzartig überzogen, andere sind in gleichmäßigen Abständen eingedellt oder mit feinen Dornen versehen – das Formenrepertoire ist nahezu unerschöpflich.

Legt ein Schmetterling mehrere Eier in einer bestimmten Anordnung, spricht man von einem Gelege. Es gibt verschiedene Gelegetypen: Die Eier sind in Reih und Glied angeordnet, bilden kleine Türmchen oder umgeben in Schraubenlinie einen Zweig. Manchmal sind die Eier auch in ungeordneter Häufung abgelegt. Die Eier vieler afrikanischer Acraeiden-Arten sind ungeordnet auf Blattunterseiten gruppiert oder in Häufchen an Baumstämmen deponiert. Ein erfahrener Lepidopterologe kann oftmals voraussagen, welcher Schmetterling sich aus einem bestimmten Ei entwickeln wird, indem er Farbe, Gestalt, Oberflächenstruktur, Ablageort und Gelegetyp genau untersucht. Entdeckt er beispielsweise ein »unordentliches« Gelege auf einem Bananenblatt und schaut sich die Eier an, weiß er: Hier schlüpfen bald die Raupen des Eulenfalters.

Betrachten wir einmal ein Ei dieses großen Schmetterlings aus der Nähe. Es ist kugelförmig und hat einen Durchmesser von fast zwei Millimetern. Die weißliche Chitinhülle ist fest und nicht so spröde wie die Schale eines Vogeleis. Sie ist auch nicht glatt, sondern weist eine deutliche Strukturierung auf: Viele zarte, in Meridianrichtung verlaufende Rippen zieren ihre Oberfläche. Am oberen Pol befindet sich eine warzenförmige Erhebung mit einer mikroskopisch kleinen Öffnung, durch die bei der Paarung Spermien zum Eikern gewandert sind, um damit zu verschmelzen. Durch diese Öffnung dringt auch Luft, die das im Ei heranwachsende Räupchen mit ausreichend Sauerstoff versorgt. Es frißt den nährstoffreichen Dotter und wird von der Eihülle vor Hitze und Austrocknung geschützt.

Bald verfärbt sich das Ei des Eulenfalters. Es wird dunkler. Ursache ist der braune Kopf des Eiräupchens, der durch die durchscheinende Hülle zu erkennen ist. Nach

Es sieht aus wie eine kleine Wasserperle: So ist das Ei von Morpho peleides *im feuchten Regenwald bestens getarnt. Auch die Eier vieler anderer Arten sind schwer auszumachen. Grün, gelb oder bräunlich gefärbt, sind sie optisch optimal an die Umgebung angepaßt.*

zehn Tagen schlüpft die junge Raupe. An ihrem anfangs besonders großen Kopf sitzen kräftige Kiefer, mit denen sie ein rundes Stück aus dem oberen Teil der Eihülle schneidet. Danach zwängt sie sich mit schlängelnden Bewegungen heraus und frißt die Hülle bis zur Basis auf. Für unsere kleine Raupe die erste Mahlzeit außerhalb des Eies.

Frißt und wächst: die Raupe

Die kleine Raupe Nimmersatt aus dem gleichnamigen Kinderbuch von Eric Carle frißt sich durch Lolli, Früchtebrot, Würstchen und Törtchen. Danach hat sie Bauchschmerzen. Kein Wunder bei so einem Durcheinander. Als sie schließlich ein grünes Blatt verzehrt, geht es ihr wieder besser.
Die Raupen der meisten Schmetterlingsarten verputzen vor allem Blätter. Dabei sind sie häufig auf bestimmte Pflanzenfamilien spezialisiert. So fressen die Passionsfalterraupen von verschiedenen Passionspflanzen, während die Raupen der Monarchen Blätter und Blüten von Wolfsmilchgewächsen verspeisen. Eulenfalterraupen bevorzugen die Familie der Musaceen. Dazu gehört beispielsweise die Bananenpflanze. Es kommt auch vor, daß Raupen auf nur eine einzige Art fixiert sind, wie etwa beim südamerikanischen Edelfalter *Colobura dirce*. Seine Raupen fressen ausschließlich die Blätter des Cecropia-Baums. Fehlt diese Futterpflanze, müssen sie verhungern. Die Spezialisierung der Raupen treibt manchmal seltsame Blüten. So lebt die Raupe des südamerikanischen Kleinschmetterlings *Bradypodicola hahneli* im Fell von Dreizehenfaultieren. Dort grast sie Grünalgen von den Haaren ab.
Unsere kleine Eulenfalterraupe kriecht an den Rand des Bananenblattes und beginnt zu fressen. Sie beißt halbkreisförmige Segmente aus dem Blatt heraus. Schließlich bleibt kaum mehr als die feste Mittelrippe übrig – typisch für Eulenfalterraupen. Ein ähnliches Fraßbild hinterlassen die Raupen der Ritterfalter an

Wichtigste Aufgabe der Raupe: fressen und noch mal fressen! Die stachlige Raupe des Vogelflüglers Ornithoptera priamus *hält mit ihren kurzen Brustbeinen ein Blatt fest und beißt mit kräftigen Kiefern zu. Gut zu sehen sind die ovalen Atemöffnungen an der Seite der Raupe.*

Citrusblättern. Passionsfalterraupen schneiden dagegen kleine Löcher in die Blätter ihrer Futterpflanzen. Das einzelne Blatt sieht dann aus wie ein Sieb.

Manche Pflanzen schützen sich vor den unersättlichen Raupen durch eine dicke Haut, andere durch Eigenproduktion von »Insektiziden« zur Abwehr der unerwünschten Besucher. Ganz raffiniert und rabiat macht es eine Passionspflanzenart in Südamerika. Wenn sie von der hungrigen Raupe eines Passionsfalters belästigt wird, läßt sie auf die Schnelle haarfeine, spitze Dornen aus ihren Blättern sprießen, die die arme Raupe aufspießen.

Es gibt auch fleischfressende Raupen, wie etwa bei der Nachtfaltergattung *Eupithecia* auf Hawaii. Sie lauern kleinen Insekten auf und packen sie mit ihren vorderen Beinen, um sie zu verspeisen. Ein weiteres Beispiel sind die asselförmigen Raupen einiger Bläulingsarten. Außer Pflanzen fressen sie auch Eier, Larven und Puppen von Ameisen. Diese Raupen haben hinten auf ihrem Rücken eine Drüse, die ein süßes Sekret absondert. Das lockt Ameisen an. Sie schleppen die Raupen in ihr Nest und halten sie dort als »Haustiere«. Jetzt haben die Ameisen immer was zu naschen, und die Raupen tun sich an der Ameisenbrut gütlich. Die Raupen einiger Falterarten können sogar zu Kannibalen werden: Wenn sich mehrere auf einem kleinen Blatt die Nahrung streitig machen, fressen sie sich gegenseitig auf.

Im Metamorphosezyklus stellt die Raupe das Freß- und Wachstumsstadium dar. Der äußere und innere Bau ihres Körpers ist dieser Aufgabe bestens angepaßt. Die Raupe kann auf Flügel, Rüssel und Facettenaugen verzichten. Sie fliegt nicht von Blüte zu Blüte, um Nektar zu saugen, und geht auch nicht auf Partnersuche. Ihr länglicher Körper besteht aus dem Kopf und dreizehn einander ähnlichen Segmenten. Die ersten drei bilden die Brust, die weiteren den Hinterleib.

An der festen Kopfkapsel fallen vorn die Mundwerkzeuge und an beiden Seiten einfache Augen auf. Wichtigster Teil der Mundwerkzeuge sind die großen, kräftigen und gezähnten Kiefer, mit denen die Raupe in kurzer Zeit ein ganzes Blatt zerkleinern kann. Wenn viele Raupen auf einer Pflanze sitzen und gleichzeitig die Blätter verknuspern, wird ein zartes knisterndes Geräusch hörbar. Um an die richtige Nahrung zu gelangen, verläßt sich die Raupe vor allem auf ihre Geschmackssinneszellen, die sich auf den Mundwerkzeugen befinden. Im Gegensatz zum Schmetterling kann die Raupe nicht gut sehen. Statt der Facettenaugen besitzt sie rechts und links am Kopf je sechs Punktaugen. Damit kann sie Hell und Dunkel unterscheiden. Das reicht, um beispielsweise einen Baumstamm zu erkennen und den Weg zu den Blättern zu finden.

Ein typisches Raupenorgan sind die beiden großen Spinndrüsen. Sie produzieren je zwei verschiedene Substanzen, die an der Luft erstarren und einen relativ reißfesten Seidenfaden ergeben – Vorbild für die Kunstseidenherstellung. Er ist bei einigen Arten weißlich, bei anderen gelb oder braun. Die Spinndrüsen können den ganzen Körper durchziehen und münden an der Kopfunterseite. Bei Augen- und Seidenspinnern sind sie besonders mächtig entwickelt und machen bis zu einem Viertel des Gesamtgewichts aus. Die großen Nachtfalter verspinnen die dünnen Seidenfäden zu Kokons. Bekannt sind die Kokons des Maulbeerspinners, aus denen die wertvolle Seide hergestellt wird.

Der Spinnfaden ist aber noch für andere Zwecke gut. Raupen vieler Schmetterlingsarten produzieren beim Kriechen ständig einen Faden und kleben ihn auf die Unterlage. Damit schaffen sie sich einen rutschfesten Belag und verlieren auch auf einer glatten Blattoberfläche oder am Stengel nicht den Halt. Versteckt lebenden Raupen, die nur zum Fressen in der Vegetation umherkriechen, dienen die Fäden auch als Wegweiser. An ihren Ariadnefäden finden sie leicht aus dem Blattgewirr in ihre Verstecke zurück. Der Spinnfaden kann auch zum Rettungsseil umfunktioniert werden. Bei Gefahr läßt sich manche Raupe einfach fallen. Sie stürzt aber nicht ins Bodenlose, sondern wird von ihrem schnell gesponnenen Seidenfaden gehalten. Einige Zeit pendelt sie in der Luft. Wenn die Gefahr vorüber ist, klettert die Raupe am Seidenfaden wieder nach oben.

An jedem der drei Brustsegmente sitzt ein Paar kurzer, gegliederter Beine, die am Ende je eine kleine Kralle besitzen. Damit kann die Raupe ihre Nahrung festhalten,

Lange spitze Stacheln und eine Warnfärbung schützen die giftige Raupe des Passionsfalters Philaethria dido vor Feinden. Sie hat sich gerade gehäutet. Links ist noch der Rest der alten Raupenhaut zu sehen. Die feinen Spinnfäden am Blatt der Passionspflanze sichern der Raupe zusätzlichen Halt.

um sie zu verzehren. Am Hinterleib befinden sich in der Regel fünf weitere Beinpaare. Diese Bauchbeine dienen vor allem der Fortbewegung. Es sind einfache, ungegliederte Hautausstülpungen, die am Ende kleine, oft im Kreis angeordnete Häkchen tragen. Sie ermöglichen einen guten Halt auf dem Untergrund. Oft sind sie so fest mit dem Blatt verhakt, daß die Bauchbeine verletzt werden, wenn man die Raupe von ihrer Futterpflanze entfernt. Die beiden kräftigen Beine am Körperende nennt man Nachschieber. Sie schieben den Hinterleib bei der kriechenden Fortbewegung nach vorn. An den beiden Seiten der Raupe ist eine Reihe kleiner ovaler oder runder Löcher zu sehen. Es sind Öffnungen, durch die die Atemluft in den Körper gelangt. Dort wandert sie durch ein fein verästeltes System aus immer dünner werdenden Röhrchen zu den inneren Organen, teils sogar bis zu einzelnen Körperzellen und versorgt sie mit Sauerstoff. Die Raupe braucht viel davon, weil ihr Stoffwechsel sehr hochtourig läuft.

Um die pflanzliche Nahrung optimal zu verwerten, besitzt die Raupe einen langen und weiten Verdauungskanal. Den größten Abschnitt bildet der Magen, dessen Wände den Nahrungsbrei durchkneten. Da pflanzliche Kost viel unverdauliche Zellulose enthält, scheidet die Raupe eine Unmenge Kotbällchen aus. Wenn eine große Zahl Raupen auf engem Raum gleichzeitig frißt, rieselt reichlich Kot und bedeckt den Boden.

Zweck der Völlerei: Die Raupe deckt nicht nur ihren Eigenbedarf, sondern speichert auch Fette und Eiweiße für ihre Folgestadien Puppe und Schmetterling. Das ist besonders wichtig, wenn der Schmetterling, wie bei einigen Nachtfaltern, keine Mundwerkzeuge besitzt. Er zehrt dann nur von den Reserven seiner Raupe. Diese ist deshalb besonders groß. So wird die Raupe des Atlasfalters aus Südostasien etwa zwölf Zentimeter lang und zwei Zentimeter dick. Die Raupe eines Nachtfalters aus Indien erreicht gar eine Körperlänge von fast achtzehn Zentimetern. Sie ist damit die größte Raupe der Welt.

Wer immer nur frißt, platzt irgendwann »aus allen Nähten« und muß sich neu einkleiden. Ähnlich ergeht es auch unserer kleinen Eulenfalterraupe. Sie fühlt sich

Perfekt getarnt sind die Raupen des Eulenfalters Caligo memnon. *Sie haben sich an den Schaft einer Bananenstaude geschmiegt. Hier sind zwei unterschiedliche Häutungsstadien zu sehen: mehrere jüngere hellbraune und eine ältere dunkelbraune Raupe.*

nicht mehr wohl in ihrer zu eng gewordenen Haut und will sie deshalb loswerden. Zwei Tage vor der Häutung sucht sie sich auf der Bananenpflanze einen verborgenen Winkel, hört auf zu fressen und erzeugt ein dichtes Gespinst aus Seidenfäden, an das sie sich mit ihren Bauchbeinen festklammert. Unter der alten Haut entsteht eine neue. Sie ist geräumiger und erlaubt weiteres Wachstum. Zu Beginn der Häutung bläht unsere Raupe ihren vorderen Körperabschnitt auf. Die alte Haut platzt hinter dem Kopf, und die »neu eingekleidete« Raupe windet sich heraus. Dafür braucht sie drei bis vier Minuten. Während sie langsam vorwärtskriecht, bleibt die abgestreifte Haut am Gespinst hängen. Auch die alte Kopfkapsel wird ersetzt. Die Eulenfalterraupe wartet noch einige Minuten, bis sich die zunächst dünne und sehr empfindliche Haut gefestigt hat. Dann wird weitergefressen.

Die Raupe des Atlasfalters betreibt sogar Recycling. Ihre Rückenstacheln und die benachbarte Haut sind mit vielen kleinen Schuppen aus einer wachsartigen Substanz überstäubt. Diese sind giftig und schützen die Raupe vor Freßfeinden. Nach der Häutung verzehrt die Raupe ihre alte Haut. Dabei kommt es ihr vor allem auf die giftigen Bestandteile der Schuppen an. Die verwertet sie zum großen Teil wieder für die nächste neue Haut, die nach der folgenden Häutung zum Vorschein kommt.

Unsere Eulenfalterraupe wächst und wächst. Im Laufe ihres vier Wochen währenden Raupenlebens muß sie sich mehrmals häuten. Dabei verändert sie Größe, Aussehen und sogar Verhalten. Ihre Länge nimmt um das Zwanzigfache zu. Wenn ein Menschenbaby in diesem Ausmaß wüchse, wäre es als Erwachsener mehr als zehn Meter groß! Auch die Gewichtszunahme ist beträchtlich. Kurz vor dem Verpuppen wiegt die Raupe etwa dreitausendmal soviel wie nach dem Schlupf aus dem Ei.

Unsere anfangs schmutzigweiß und braun gefärbte, fast kahle Eulenfalterraupe hat einen kugeligen braunen und behaarten Kopf. Ihr Körper endet in zwei Schwanzanhängen. Nach der ersten Häutung sieht die Raupe noch ähnlich wie vorher aus. Nach der zweiten Häutung ist sie grün gefärbt. Damit ist sie gut getarnt. Sie ist jetzt auch deutlich behaart. An der Kopfkapsel sind nun vier kleine Hörner ausgebildet.

Kein Weingummi! Diese skurril aussehenden Raupen habe ich in Ecuador fotografiert. Sie sind ein Beispiel für die enorme Formenvielfalt dieser Tiere. Es könnte sich um Bläulingsraupen handeln.

Doppelter Schutz vor Freßfeinden für die große Raupe des Atlasfalters. Zum einen Stacheln, zum anderen kleine Schuppen, die aus einer giftigen wachsartigen Substanz bestehen.

Sie erinnert an ein Teufelsgesicht. Auf dem Rücken trägt die Raupe mehrere Dornen, in gleichmäßigem Abstand hintereinander angeordnet. Die verschiedenen Körperanhänge der Raupe tragen zur optischen Auflösung ihres Umrisses bei und sollen wahrscheinlich den Schutz vor Freßfeinden verbessern. Nach der dritten und vierten Häutung sieht die Raupe jeweils hellbraun aus. Kurz vor der Verpuppung wird sie dunkelbraun. Wenn man unterschiedlich gefärbte Raupen sieht, müssen sie also nicht immer verschiedenen Arten angehören. Es kann sich auch um jüngere und ältere Raupen derselben Art handeln.

Solange die Eulenfalterraupe noch nicht voll ausgewachsen ist, lebt sie in Gemeinschaft mit Gleichaltrigen. Sie sitzt dann oft mit anderen im rechten Winkel zum Rand des Bananenblattes und frißt. Zwischendurch legt sie immer wieder Pausen ein und kriecht zur Mittelrippe. Eng an diese angeschmiegt, ist sie kaum zu erkennen. Die erwachsene Raupe schließlich schlägt sich als Single durchs Leben. Sie hat nun endlich genügend Vorratsstoffe gespeichert und will sich zum fünften- und letztenmal ihrer Haut entledigen. Vor der Häutung wird sie unruhig und sucht sich ein geschütztes Plätzchen. Dort spinnt die Raupe ein kleines Seidenpolster, in das sie sich mit ihren Nachschiebern einhakt. Ihr Körper hängt nach unten, wobei Kopf und Brust nach oben gebogen sind. Sie sieht jetzt aus wie ein Haken. So verharrt die Eulenfalterraupe noch rund zwölf Stunden. In dieser Zeit entsteht unter ihrer Haut die Puppenhülle, die zunächst noch weich ist. Dann beginnt die Häutung. Dazu windet sich unsere Raupe heftig, und wellenartige Bewegungen laufen über ihren gesamten Körper. Schließlich platzt die Haut am Kopf. Statt einer neuen Raupe kommt nun aber eine Puppe zum Vorschein. Die Raupenhaut reißt am Rücken immer weiter auf und wird von der Puppe durch Zusammenziehen und Strecken nach oben geschoben, dem Hinterende zu. In der Schlußphase der Häutung zieht die Puppe ihren hinteren Teil aus der alten Raupenhaut und befestigt ihn mit einem Kremaster, einer mit kleinen Haken versehenen Chitinstruktur, am Seidenpolster. Nach etwa fünf Minuten ist der Häutungsvorgang abgeschlossen. Später fällt die Raupenhaut zu Boden. Das Raupendasein ist beendet, das der Puppe beginnt.

Wer immer frißt, »muß« auch des öfteren, wie die Raupe des Ritterfalters Papilio aegeus *demonstriert.*

Morpho-Raupe mit verschiedenen Haarpinseln auf der Haut. Ebenso wie die Schuppen des Falters bestehen sie aus Chitin.

Der Mensch hat ein ambivalentes Verhältnis zu Raupen. Eulenfalterraupen etwa, die sich in Bananenplantagen über die Blätter der Bananenstauden hermachen, sind ungeliebte Nahrungskonkurrenten und werden mit rabiaten Methoden bekämpft. Dabei wird vergessen, daß diese Schäden durch Raupenfraß hausgemacht sind, denn die unnatürlichen Monokulturen bieten den Raupen Nahrung in Hülle und Fülle. Die Raupen des Maulbeerspinners hingegen werden als »Haustiere« gehegt und gepflegt. Sie liefern die begehrten Seidenfäden, die später zu wertvollen Stoffen wie Satin, Organza oder Chiffon verwebt werden. Viele Menschen ekeln sich vor Raupen. Andere wiederum verzehren sie mit Genuß. Tatsächlich ist Raupenfleisch oft zart und wohlschmeckend. Reine Gewohnheitssache also! Schon die alten Griechen fanden Geschmack an Raupen. In Mexiko schätzt man »Cupiches«. Das sind die süßlich schmeckenden Raupen des Erdbeerbaumfalters, die dort sogar im Supermarkt in Konserven angeboten werden.

Raupen haben eine interessante Biologie. Man muß nur genau hinschauen. Sie einfach als »Freßmaschinen« abzutun ist nicht angebracht. Der in Frankfurt am Main geborenen Kupferstecherin und Naturforscherin Maria Sibylla Merian (1647–1717) kommt das große Verdienst zu, in ihrem Hauptwerk »Metamorphosis Insectorum Surinamensium« auch den besonders zu damaliger Zeit verhaßten Raupen viel Aufmerksamkeit geschenkt zu haben. Vergessen wir nicht: Ohne Raupe kein Schmetterling.

Außen Ruhe, innen Action: die Puppe

Die noch weiche und feuchte Puppenhülle unseres Eulenfalters ist anfangs gelb. Im Laufe der nächsten zehn bis zwölf Stunden härtet sie aus und wird schließlich hellbraun. Viele Feinde haben es auf die Puppe abgesehen. Da sie weder Beine noch Flügel hat, kann sie nicht flüchten. Dennoch ist die Puppe ihren Feinden nicht völlig ausgeliefert. Zum einen bietet schon die feste Hülle einen gewissen Schutz, zum

*Goldglänzende Puppe des Oleanderfalters (*Euploe core*). Sie hängt mit dem Kopfende nach unten, ist also eine sogenannte Stürzpuppe.*

Die Blitzlichtaufnahme zeigt deutlich Kopf, Flügel und Hinterleib des Oleanderfalters im Innern der Puppe.

anderen hat sich die Eulenfalterpuppe gut getarnt. In Form und Farbe ähnelt sie einem abgestorbenen Blatt. Als sogenannte Stürzpuppe hängt sie mit dem Kopfende nach unten an der Pflanze. Auch bei Passionsfaltern, Edelfaltern, Morphos und Monarchen finden wir Stürzpuppen.

Die Puppen der Ritterfalter sind anders an der Pflanze befestigt. Mit dem Kopfende nach oben halten sie sich aufrecht am Stengel, so ähnlich wie ein Specht am Baum. Wie der Specht mit den Schwanzfedern stützen sich die Puppen mit ihrem Kremaster ab. Ein feiner Seidenfaden, den die Raupe kurz vor der Verpuppung um ihre Körpermitte gesponnen hat, hält die Puppe am Stengel fest. Es ist eine Gürtelpuppe. Bei *Papilio aegeus*, einem Ritterfalter aus Australien, sieht sie aus wie ein eingerolltes Blatt und täuscht so die Feinde. Bei anderen Ritterfaltern erinnert sie an ein Stückchen altes Holz.

Die Raupen vieler Nachtfalter spinnen erst einen Kokon und verpuppen sich anschließend darin. Die Puppe kann in diesem Fall auf weitere Schutzmaßnahmen verzichten, denn der feste Kokon hält ihr Parasiten und Freßfeinde vom Leib. Außerdem bewahrt er sie vor ungünstigen Witterungseinflüssen. Manche Arten bauen giftige Raupenhaare in das Geflecht aus Seidenfäden ein und erhöhen damit die Sicherheit der Puppe. Andere wiederum verschaffen sich einen zusätzlichen Schutz, indem sie ihre Kokons an langen Seidenfäden von Zweigen herabhängen lassen. Wenn sich die große Raupe des Atlasfalters ihren Kokon spinnt, arbeitet sie häufig Blätter der Futterpflanze mit ein. So ist ihr Kokon gut getarnt und fällt zwischen den anderen Blättern nicht weiter auf. Der Seidenfaden des kunstvoll gesponnenen Kokons des Maulbeerspinners kann bis zu 3500 Meter lang sein. Eine große Leistung der kleinen Raupe.

Um die Entdeckung der Seide ranken sich verschiedene Legenden. Eine stammt aus dem Jahr 2640 vor Christus und wurde von Konfuzius überliefert: Die chinesische Kaiserin Si-Ling pflückte in ihrem Garten den Kokon einer frisch verpuppten Seidenspinnerraupe von einem Maulbeerbaum. Sie glaubte, eine köstliche Frucht in der Hand zu halten, wurde aber bald eines besseren belehrt. Als sie nämlich kurz

Kurz vor der Verpuppung. Die Raupe des Ritterfalters Papilio aegeus *hat sich mit einem feinen Faden am Stengel befestigt.*

Puppe von Papilio aegeus. *Ein fester Seidenfaden hält sie am Stengel einer Citruspflanze. Es ist eine Gürtelpuppe.*

darauf beim Teetrinken den Kokon versehentlich in ihre Tasse fallen ließ und ihn wieder herausfischen wollte, verfing sich der Faden des durch den Tee aufgeweichten Kokons an ihren langen Fingernägeln und spulte sich ab. Die Geschichte der Seide nahm ihren Lauf.

Die Puppe ist ein besonders wichtiges Stadium im Metamorphosezyklus. In der schützenden Hülle wandelt sich die Raupe in den Schmetterling um. Betrachtet man die Puppe von außen, bewegt sie sich nicht, abgesehen von einem seltenen leichten Zucken ihres Hinterleibes. Der Biologe spricht von der Puppenruhe. Könnten wir aber einen Blick in das Innere werfen, ist von Ruhe keine Rede mehr: Hier tobt das Leben. Die Raupe zerfällt größtenteils in ihre Einzelteile, die Zellen. Nach einer genetisch vorgegebenen Bauanweisung und durch Hormone gesteuert, fügen sich dann die einzelnen Zellen dieses Zellbreies wie bei einem Puzzle allmählich zu den verschiedenen Organen des Schmetterlings zusammen. So entstehen etwa Flügel, Beine, Saugrüssel, Facettenaugen und Fortpflanzungsorgane. Dieses dramatische Geschehen benötigt natürlich viel Energie. Die Puppe wandelt dazu einen Teil der Reserven um, die sich die Raupe angefressen hatte. Den notwendigen Sauerstoff holt sie sich – wie die Raupe – durch Atemöffnungen.

Bei manchen Arten zeichnen sich einige Organe des zukünftigen Schmetterlings bereits auf der Puppenhülle reliefartig ab. Die Gürtelpuppe von *Papilio aegeus* beispielsweise läßt unter ihrer Hülle Flügel und Facettenaugen erahnen. Im Innern der Stürzpuppe des Oleanderfalters (*Euploe core*), einer Monarchfalterart aus Südostasien, kann man sogar den ganzen Schmetterling erkennen. Am Anfang ist seine Puppe prächtig golden gefärbt. Diesen metallischen Glanz findet man auch auf Puppen einiger Edelfalterarten. Er hat zu der heute unüblichen Bezeichnung Chrysalide für Puppe geführt, nach dem griechischen Wort für Gold. Die Hülle von *Euploe core* wird später allmählich immer blasser. Kurz vor dem Schlupf ist sie fast durchsichtig und gestattet einen Blick in ihr Innenleben.

Unser Eulenfalter braucht etwa zehn Tage für seine Entwicklung in der Puppenhülle. Das ist nicht sehr lange im Vergleich zu europäischen Schmetterlingen. Hier dauert das Puppenstadium oft drei bis vier Wochen. Aufgrund höherer Umgebungstemperaturen laufen Entwicklungsprozesse bei tropischen Schmetterlingen schneller ab als bei Faltern gemäßigter Klimata. Das zeigt sich auch an der Anzahl der Schmetterlingsgenerationen in einem Jahr. Bedingt durch die überwiegend niedrigen Temperaturen und wegen der erzwungenen Winterpause entwickeln sich bei uns nur zwei bis drei Generationen pro Jahr. In den Tropen kann man das ganze Jahr über Schmetterlinge beobachten. Bis zu zwölf Generationen lösen einander ab. Nur in der Regenzeit kann sich die Entwicklung manchmal verzögern.

Am Ende der Puppenruhe macht sich unser Eulenfalter schon langsam bemerkbar. Er will jetzt hinaus ins feindliche Leben. Die große, braune Puppe bewegt sich immer öfter. Dann, am frühen Morgen, platzt die Hülle plötzlich an einer Sollbruchstelle auf. Zuerst erscheinen Kopf und Beine. Eulenfalter und viele andere Schmetterlinge schlüpfen vorzugsweise in den Morgenstunden. Dann liegt der gesamte Tag noch vor ihnen, und sie haben genügend Zeit, auf Futtersuche zu gehen, um zu Kräften zu kommen. Der Eulenfalter schluckt Luft, um sein Volumen zu vergrößern und die Hülle weiter aufreißen zu können. Er zwängt sich peu à peu heraus. Bereits nach drei Minuten hat er sich befreit und hängt an der Stürzpuppe. Die weichen und feuchten Flügel sind noch eng zusammengefaltet und baumeln traurig herab. Kurz nach dem Schlupf scheidet der Neugeschlüpfte am Hinterleibsende ein bis zwei Tropfen weißlichen Puppenharn aus. Er enthält die Abfallstoffe, die sich während des Puppenstadiums angesammelt haben. Dann pumpt der Eulenfalter Blutflüssigkeit und Luft in die Adern. Die Flügel strecken sich und erreichen nach fünfzehn Minuten ihre volle Größe. Noch kann er nicht losfliegen, denn seine Flügel müssen trocknen und aushärten. Das kann bis zu zwei Stunden dauern. In dieser Zeit haben Feinde ein leichtes Spiel. Aber schließlich ist es soweit: Unser Eulenfalter macht sich auf ins Schmetterlingsleben.

Der Atlasfalter muß nicht nur die Puppenhülle sprengen, sondern sich auch einen Weg durch das Gespinst seines Kokons bahnen. Dazu weicht er die Seidenfäden mit einem speichelartigen Sekret an der Schlupfstelle auf und windet sich heraus.

Wenn sich die große Raupe des Atlasfalters ihren Kokon spinnt, arbeitet sie Blätter ihrer Futterpflanze mit ein. So ist er gut getarnt und fällt zwischen den anderen Blättern nicht weiter auf. Zu erkennen sind auch einige der weißen Schuppen der Raupe.

Ein frisch geschlüpfter Eulenfalter hängt an der Puppenhülle. Die Puppe war gut getarnt: In Form und Farbe ähnelte sie einem abgestorbenen Blatt. Wenn seine Flügel trocken und ausgehärtet sind, macht sich der Eulenfalter auf ins Schmetterlingsleben.

An einer Sollbruchstelle ist die Stürzpuppe eines tropischen Gelblings der Gattung Phoebis *aufgeplatzt. Nachdem sich der Schmetterling peu à peu herausgezwängt hat, hängt er eine kleine Weile an der leeren Hülle – leichte Beute für hungrige Feinde.*

Für den Menschen kann die Schmetterlingspuppe auch ein Leckerbissen sein. Der Puppeninhalt ist eiweißhaltig und manchmal durchaus schmackhaft. In Indien werden die Puppen des Maulbeerspinners nach dem Abwickeln der Seidenfäden nicht weggeworfen, sondern fritiert oder eingezuckert; bis zu zwanzigtausend Tonnen davon werden im Jahr vernascht. In Mexiko genießt man zum Nachtisch gern Schmetterlingspuppen mit Schokoladenüberzug.

Vergängliche Schönheit: der Schmetterling

In der Puppe mußte unser Eulenfalter fasten. Jetzt fliegt er hungrig durch den Halbschatten des Regenwaldes und sucht nach etwas Genießbarem. Schon bald bemerkt er einen »appetitlichen« Geruch und entdeckt auf dem Waldboden seine Lieblingsspeise: angefaulte Bananen. Eulenfalter ernähren sich – wie übrigens auch Morphos – ausschließlich vom Saft gärender Früchte. Bananen stehen ganz hoch im Kurs.
Bei Edelfaltern spielen Fruchtsäfte oft nur eine Nebenrolle im Speiseplan. Ihre Hauptnahrung ist Blütennektar. Manchmal allerdings ist das süße Obst so verführerisch, daß sie jedes Maß vergessen. Die Folgen sind gravierend. In Afrika fallen gelegentlich Schmetterlinge der Gattung *Charaxes* mit stark angeschwollenem Hinterleib auf. Ein Sammler, der sie unvorsichtig anfaßt, kann eine böse Überraschung erleben: Der prall mit Fruchtsaft gefüllt Hinterleib reißt auf, und der Inhalt fließt heraus.
Die meisten Schmetterlingsarten besuchen Blüten und saugen Nektar. Oft bleibt dabei Pollen an ihrem Körper haften und wird zur nächsten Blüte transportiert. Manchmal sind Flügel und Körper so sehr mit Blütenstaub beladen, daß der bedauernswerte Falter kaum noch fliegen kann. Ein Schmetterlingskundler könnte zunächst eine neue Art vermuten, wenn ihm solch ein von Pollen eingefärbtes Exemplar begegnet. So ganz nebenbei betätigen sich die Schmetterlinge also auch

Schmetterlinge sind vergängliche Schönheiten. Die meisten leben nur zwei bis drei Wochen. Dieser prächtige afrikanische Ritterfalter Pharmakophagus autenor *ist frisch geschlüpft und hat noch das ganze kurze Leben vor sich.*

als Blütenbestäuber – von der Bedeutung für die Pflanzen her stehen sie dabei nach Bienen und Hummeln an dritter Stelle.

Zusätzlich zum Nektar haben sich etliche Arten noch weitere Nahrungsquellen erschlossen. So verzehren Passionsfalter Pollen, Bläulinge und Edelfalter saugen manchmal den Honigtau von Blattläusen oder süße Baumsäfte. Weißlinge, Gelblinge und andere durstige Schmetterlinge sitzen in den Tropen häufig in großer Zahl dicht an dicht an Wasserstellen oder auf feuchten Felsen und trinken. Dabei haben sie es besonders auf die im Wasser gelösten Mineralien abgesehen. Den meisten Monarchen reicht der Blütennektar zum Leben. Die pfiffigen Schmetterlinge einer afrikanischen Monarchfalterart haben sich allerdings eine weitere Nahrungsquelle erschlossen. Sie warten darauf, daß Grashüpfer Blätter und Stengel zerbeißen und saugen dann von den Säften, die an den Abbißstellen austreten. Viele Edel- und Ritterfalter mögen es auch unappetitlich. Sie tun sich gütlich an stinkenden organischen Abfällen und Exkrementen und schätzen selbst verwesende Tiere als Lieferanten lebenswichtiger Mineralstoffe. Manche Glasflügler werden zu »Kannibalen«. Sie sitzen auf abgestorbenen Puppen ihrer eigenen Art und saugen von den heraustropfenden Überresten. Einige kleine asiatische und afrikanische Nachtfalterarten sind richtige Vampire. Sie sammeln sich um die Augen von Huftieren, stoßen ihre harten und gezähnten Rüsselspitzen unter die Lider und saugen Blut und Tränenflüssigkeit.

Schmetterlinge mögen es flüssig. Früher glaubte man, sie würden den Rahm von der Milch stehlen. Man traute ihnen auch zu, daß sie die Butter ranzig werden lassen, denn dem Volksglauben nach waren sie Hexen in Insektengestalt, die den Menschen Böses wollten. Das trug ihnen ihren Namen ein, denn im Wort Schmetterling steckt das tschechische Wort für Rahm oder Sahne: smetana. Im Plattdeutschen heißen sie Bottervagel, im Englischen butterfly. Es wurden aber noch nie Schmetterlinge beim Rahmnaschen erwischt. Die wahren Übeltäter waren wohl eher Hirtenjungen, die diese Mär in die Welt setzten, um von sich abzulenken.

Zur Aufnahme flüssiger Nahrung ist der Saugrüssel am Kopf des Schmetterlings

Der Ritterfalter Papilio aegeus *aus Australien. Deutlich sind die Flügeladern zu erkennen. Ihre Anordnung ist für Schmetterlingsforscher ein wichtiges Bestimmungsmerkmal.*

Papilio aegeus *mit zerzausten Flügeln: Er ist »abgeflogen«, wie der Lepidopterologe sagt. Von Geburt an stößt der Schmetterling bei jedem Flug an Zweige und Blätter, so daß Teile der empfindlichen Flügelmembran abbrechen.*

bestens geeignet. Er ist elastisch und in Ruhestellung spiralig eingerollt wie eine Uhrfeder. Beim Blütenbesuch entrollt der Falter seinen Rüssel und saugt Nektar wie durch einen Strohhalm. Am Kopf des Schmetterlings befinden sich außerdem wichtige Sinnesorgane. Wenn unser Eulenfalter auf Nahrungssuche geht, verläßt er sich auf seine Fühler und Augen. Mit den Fühlern – dort ist sein Geruchssinn lokalisiert – kann er die gärenden Bananen schon von weitem riechen. Er folgt der »Duftspur«, und erst wenn er sich seiner Nahrung bis auf fünf Meter genähert hat, können seine großen Augen etwas erkennen. Er ist nämlich kurzsichtig. Schmetterlinge besitzen zwei große halbkugelförmige Facettenaugen. Diese setzen sich aus vielen isolierten Einzelaugen zusammen. Durch die sechseckige Linse am oberen Ende jedes Einzelauges dringt Licht. Das Gehirn zaubert dann aus dem Mosaik der visuellen Einzeleindrücke ein grob gerastertes Gesamtbild. Es dürfte so ähnlich wirken wie ein Foto in einer schlecht gedruckten Zeitung.

Für Schmetterlinge ist die Welt bunt. Anhand der Farb- und Zeichnungsmuster erkennen sie ihre Partner, anhand von Farbe und Form die Nektarquellen. Allerdings sehen Schmetterlinge die Farben anders als wir. Ihre Farbempfindlichkeit ist zum blauen Bereich des Spektrums hin verschoben. Deshalb fliegen ja viele Falter auf blau oder violett gefärbte Blüten. Schmetterlinge können sogar das für uns unsichtbare UV-Licht wahrnehmen. Einige Gelblingsarten beispielsweise erkennen einander an Flügelmarkierungen, die nur unter UV-Licht sichtbar sind. Diese unterscheiden sich von Art zu Art. Der Rotbereich des Farbspektrums ist den meisten Schmetterlingen verschlossen. Eine Ausnahme bilden einige Ritterfalterarten. Manche besuchen regelmäßig rote Hibiskusblüten.

Die faulenden Bananen munden unserem Eulenfalter. Er schmeckt sie mit den vorderen Füßen seiner schlanken, gegliederten Beine am Brustabschnitt. Hier befinden sich Sinnesorgane, die ihm sagen, ob es sich lohnt, den Rüssel zu entrollen und zu trinken.

Am Brustabschnitt sitzen bei manchen Schmetterlingen »Ohren«, mit denen sie akustische Reize wahrnehmen können. Es sind grubenförmige, mit membranarti-

Eine aparte Schönheit aus Ecuador. Der kleine Schmetterling Siseme aristoteles *sitzt auf den bunten Kieseln am Flußufer. Dort sucht er das mineralstoffhaltige Wasser. Er besucht aber auch regelmäßig Blüten, um Nektar zu tanken.*

Unzählige kleine grüne Schuppen bedecken die Flügelmembran dieses südostasiatischen Ritterfalters Papilio palinurus. *Die wissenschaftliche Bezeichnung für Schmetterlinge ist Lepidoptera, was übersetzt Schuppenflügler bedeutet.*

gen Trommelfellen ausgestattete Vertiefungen. Einige Nachtfalterarten können sogar die Ultraschalltöne hören, die ihre ärgsten Feinde – die Fledermäuse – aussenden, um Opfer zu orten. Die Schmetterlinge entgehen dieser Gefahr durch geschickte Flugmanöver, oder indem sie sich einfach fallen lassen.

Im Gegensatz zu den Raupen sind Schmetterlinge sehr mobil. Am zweiten und dritten Brustsegment sitzen je zwei Flügel. Sie werden durch viele Adern stabilisiert. Die Flügel – aber auch der übrige Körper – sind von Abertausenden winziger farbiger Schuppen überzogen, die jeder Schmetterlingsart ihr charakteristisches Aussehen verleihen. Deshalb nennt der Wissenschaftler diese schönen Fluginsekten ja auch Schuppenflügler (Lepidoptera).

In den ersten zwei bis drei Tagen nach dem Schlupf kümmert sich unser Eulenfalter noch nicht um Nachwuchs. Er ist ganz damit beschäftigt, sich den Magen vollzuschlagen und Kräfte zu sammeln. Aber dann ist es soweit: Er feiert Hochzeit, und bald danach macht sich schon eine neue Generation von Eulenfaltern auf Nahrungssuche.

Innerhalb des Metamorphosezyklus stellt der Schmetterling das Fortpflanzungsstadium dar. Die nötigen Organe befinden sich am Ende des Hinterleibs. Sie sind artspezifisch gebaut und ermöglichen dem Fachmann eine Identifizierung des Schmetterlings, ohne seine Flügelfärbung zu kennen. Es können sich nur Weibchen und Männchen derselben Art paaren, weil ihre Fortpflanzungsorgane wie Schlüssel und Schloß zusammenpassen. »Fremdgehen« funktioniert einfach nicht.

Viele Schmetterlinge mögen es nicht, wenn andere ihnen zu nahe auf die Pelle rücken. Sie verteidigen »ihre« Blüte gegen Nahrungskonkurrenten mit heftigen Flügelschlägen. Bei afrikanischen Edelfaltern der Gattung *Charaxes* geht es zuweilen besonders rabiat zu. Liegen irgendwo gärende Früchte am Boden, fliegen sie in großer Zahl herbei und streiten sich mit kraftvollen Flügelbewegungen um die besten Plätze. Mit ihren verdickten und gezackten Flügelrändern können sie sich dabei gegenseitig verletzen.

Unser Eulenfalter ist aber kein »Schläger«. Wenn seine Flügel zerzaust sind, liegt

Die weißlichen Tropfen auf dem Blatt sind die flüssige Ausscheidung des Edelfalters Parthenos sylvia. *Die Schmetterlinge dieser Art sind nicht alle gleich gefärbt: Manchen fehlt das Blau auf den Flügeln.*

Deutlich zu sehen sind Augen und Fühler des Passionsfalters Dryadula phaetusa. *Sie sind wichtige Sinnesorgane, mit denen er Nektarquellen und Sexualpartner erkennt. Mit den Facettenaugen kann er auch Farben sehen. Die Fühler sind seine »Nase«: Dort ist der Geruchssinn lokalisiert.*

Verschiedene Schmetterlinge der Gattung Phoebis *haben sich auf den Steinen eines sonnenbeschienenen Urwaldpfads in Ecuador versammelt, um Mineralsalze aufzunehmen.*

Ein Augenschmaus! Genüßlich taucht der zarte Ritterfalter Papilio demoleus *in eine leuchtend rote Hibiskusblüte und saugt Nektar. Der Rotbereich des Spektrums ist vielen Schmetterlingsarten verschlossen. Manche Ritterfalter bilden da eine Ausnahme.*

das an seinem Alter. Schon bei den ersten Flügen nach seiner »Geburt« stößt er immer wieder gegen Zweige und Blätter. Teile der empfindlichen Flügel brechen ab. Auch beißen manchmal Vögel kleine Stückchen heraus. Der Eulenfalter wird im Laufe seine Lebens immer blasser. Das liegt an der Veränderung der Farbstoffe in den Schuppen. Außerdem gehen beim Fliegen ständig Schuppen verloren. Je älter der Eulenfalter wird, desto unscheinbarer, zerzauster und zerpflückter sieht er aus. Er ist abgeflogen, wie der Biologe sagt. Natürlich kann er noch fliegen. Auf den anstrengenden Hochzeitsflug muß er aber verzichten. Dafür darf er sich noch eine Zeitlang am gärenden Bananensaft berauschen und in Ruhe seinen Lebensabend genießen.

Schmetterlinge, die zarten, farbenfrohen Wesen, sind von vergänglicher Schönheit. Immer wieder versuchen Wissenschaftler und Sammler, die Farbenpracht der Falter über deren Tod hinaus zu erhalten. Sie können enttäuscht werden. So ging es, als auf einem Markt in Paris ein Insektenkasten mit einem seltenen Exemplar eines besonders schönen afrikanischen Ritterfalterweibchens entdeckt wurde. Sammler und Museen boten dem Händler beträchtliche Summen. Er lehnte ab. Seine Erben verkauften diesen begehrten Schmetterling. Doch als man ihn aus dem Kasten nahm, zerfiel er zu Staub.

Die Kunst des Überlebens: Tarnen, Täuschen, Warnen

Dicht über der Bodenvegetation im Halbschatten eines Regenwaldes in Ecuador geistert etwas unstet zwischen Blättern und Zweigen umher, erscheint hier als leichtes Flimmern, dort als flüchtiger Lichtreflex. Nur mit Mühe machen wir im Dämmer ein graziles Wesen aus, das mit zarten Flügelschlägen unruhig durch das Unterholz tanzt. Immer wieder entschwindet es unserem suchenden Blick. Erst als es sich auf ein Blatt gesetzt hat und wir uns behutsam nähern, erkennen wir einen Schmetterling: Es ist der Glasflügler *Greta oto* aus der Familie der Ithomiiden. Seine nach oben zusammengeklappten Flügel sind fast völlig durchsichtig. Der zerbrechlich wirkende Falter hebt sich kaum vom Hintergrund ab. Durch seine Flügel hindurch sehen wir die grünen Blätter dahinter. Schmetterlinge mit glashellen Flügeln gibt es in verschiedenen Familien. So lebt im Amazonasgebiet ein fast gänzlich durchsichtiger Augenfalter. Nur auf seinen hinteren Flügeln hat er zwei rosafarbene Flecken. Wenn er niedrig fliegt, könnte man meinen, kleine rosafarbene Blütenblätter zu sehen, die langsam zu Boden schweben.
Die Tropen sind ein Paradies für Schmetterlinge. Sie leben dort überall, vielerorts in großer Anzahl. Noch größer ist allerdings die Zahl ihrer Feinde. Diese haben es vornehmlich auf Raupen und Puppen abgesehen, weil sie viel Eiweiß enthalten. Vögel sind die eifrigsten Verzehrer. Zu den weiteren Verfolgern zählen Insekten (Raubwanzen, Schlupfwespen, Gottesanbeterinnen und andere Raubinsekten), Frösche, Eidechsen und kleine Säugetiere wie etwa Spitzmäuse. Alle haben sie gute

Greta oto, *ein graziler Schmetterling mit durchsichtigen Flügeln. Man sieht das Blatt dahinter. Den Augen der Feinde entgeht er meist, weil er sich kaum vom Hintergrund abhebt.*

Augen, denen so leicht nichts entgeht. Deshalb versuchen die Schmetterlinge, sich den hungrigen Blicken durch Tarnung zu entziehen, oder sie täuschen etwas vor, was für »Interessenten« uninteressant ist. Manche Falterarten legen es aber geradezu darauf an, gesehen zu werden. Mit grellen Farben und Mustern oder durch ein entsprechendes Verhalten warnen Raupen, Puppen und Falter ihre Feinde vor dem Verzehr.

Die grasfressenden Raupen einiger Schmetterlingsarten sind häufig grün gefärbt und heben sich optisch kaum von ihrer Umgebung ab. Morphoraupen ruhen häufig auf Baumstämmen und sind entsprechend braun gefärbt. Nachtfalter sind durch die Dunkelheit geschützt. Am Tage ruhen sie und vertrauen auf ihre Tarnfärbung. Vielfach sind sie braunmeliert oder weißgrau gesprenkelt und gleichen so den mit Flechten bewachsenen Baumstämmen, Ästen oder Zweigen, auf denen sie reglos sitzen. Viele tagaktive Waldschmetterlinge sind dunkel gefärbt und deshalb im Schatten der Bäume kaum zu erkennen. Die beste Tarnung kann aber ihre Wirkung verfehlen, wenn der Schmetterling an seinem Ruheplatz einen verräterischen Schatten wirft. Der südamerikanische Edelfalter *Hamadryas* vermeidet das, indem er seine ausgeklappten Flügel ganz eng an die Baumrinde legt.

Raupen, Puppen und Schmetterlinge sind gute Schauspieler und können in verschiedene Rollen schlüpfen. Manche bringen es zu wahrer Meisterschaft und führen Feinde mit besonders gelungenen Täuschungsmanövern in die Irre. Welcher Vogel frißt denn schon gern Zweige, Holzstückchen oder gar Vogelkot. Diese spezielle Art der Tarnung durch Nachahmung von für den Feind belanglosen Dingen wird als Mimese bezeichnet.

Wenn auf einem Citrusblatt ein Häufchen Vogelkot zu kleben scheint, kann es die Raupe eines Ritterfalters sein. Mit ihrer feuchtglänzenden, braun und weißlich gefärbten Haut sieht sie der frischen Hinterlassenschaft eines Vogels verblüffend ähnlich. Auch unser einheimischer Grauer Knospenwickler ahmt perfekt Vogelkot nach. Die Badener haben deshalb für diesen Kleinschmetterling die passende Bezeichnung »Spatzendreckle«.

Raupen des Monarchen in abschreckender Wespentracht. Sie sind giftig und warnen hungrige Vögel vor dem Zupicken.

Vogelkot? Nein, die Raupe eines Ritterfalters sieht der frischen Hinterlassenschaft eines Vogels aber wirklich ähnlich.

Die Raupen vieler Spannerarten imitieren kleine Zweige. Mit ihrem hinteren Beinpaar und den Nachschiebern halten sie sich an einem Ästchen fest und strecken ihren langen, schlanken Körper so, daß er schräg absteht. Stundenlang können die Raupen in dieser Stellung verharren. Selbst bei Berührung zeigen sie keine Reaktion. Eine Zweigimitation, die fortkriecht, verlöre ja auch schnell ihre Glaubwürdigkeit. Spannerraupen ahmen sogar Unregelmäßigkeiten der Rinde nach. Ihre Haut weist entsprechende Zeichnungen und kleine Höcker auf. Das steigert die Tarnwirkung noch.

Puppen sind besonders gefährdet, weil sie ja nicht flüchten können. Viele schützen sich durch Mimese. Die Puppen einiger Ritterfalterarten imitieren beispielsweise ein Stückchen Holz. Puppen mancher Weißlinge sehen aus wie ein eingerolltes frisches Blatt. Oft sind Puppen auch als verwelktes Blatt oder als Dorn getarnt. Die Puppe eines Morphofalters ähnelt gar einer grünen Beere.

Manche Schmetterlinge sehen aus wie Blätter und sind in ihrer natürlichen Umgebung fast nicht zu erkennen. Sie imitieren sogar Details wie etwa Blattadern, Fraßlöcher oder Pilzbefall. Alfred Russel Wallace, der große Naturforscher und Mitbegründer der Evolutionstheorie, begab sich 1854 auf eine achtjährige Forschungsreise in den malaiischen Archipel. Er beobachtete auch Blattschmetterlinge der Gattung *Kallima:* »Diese Art war in trockenen Wäldern und Dickichten nicht selten, und oft habe ich mich erfolglos angestrengt, sie zu erwischen, denn nach einem kurzen Flug drang der Falter in einen Busch mit trockenen oder abgestorbenen Blättern ein; wie vorsichtig ich dann auch zu der Stelle hinkroch, ich konnte ihn dann nur sehen, wenn er plötzlich aufflog und wieder an einem ähnlichen Platz verschwand. Schließlich hatte ich doch das Glück, den genauen Platz, an den sich der Falter setzte, zu sehen. Obwohl er für einige Zeit wieder meinen Blicken entschwand, entdeckte ich ihn endlich unmittelbar vor meinen Augen; er glich aber in seiner Ruhehaltung einem toten am Zweig hängenden Blatt so sehr, daß man ihn nur schwer entdeckte, selbst wenn der Blick voll daraufflel« (zitiert nach Paul Smart, Enzyklopädie der Schmetterlinge).

Mimese. Die Gürtelpuppe von Papilio cresphontes *könnte von einem Feind leicht für ein Stückchen Holz gehalten werden.*

Puppen sind besonders gefährdet, weil sie nicht flüchten können. Diese hat sich gekonnt als Blatt getarnt.

Perfekte Tarnung! In Costa Rica habe ich diesen Nachtschmetterling beobachtet. Wie ein angefressenes welkes Blatt sieht er aus.

Weiße Flügelflecken von Parthenos sylvia *nehmen die Lichtspots des Hintergrundes auf. So löst sich sein Umriß auf.*

Afrikanische Schmetterlinge der Gattung *Ityraea* ahmen Blüten nach. Sie sitzen zu mehreren an aufrechten Pflanzenstengeln und täuschen so einen Blütenstand wie von Fingerhut oder Königskerze vor. Manchmal »verkleiden« sich auch kleine Nachtschmetterlinge als Blüten. Sie liegen im Laub auf dem Waldboden und ähneln abgefallenen, zusammengerollten Blüten.

Giftige oder übel schmeckende Schmetterlinge oder Raupen haben es nicht nötig, sich zu verbergen. Im Gegenteil: Durch auffällige Farben und Muster machen sie ihre Feinde sogar auf sich aufmerksam. Sollte trotzdem ein Vogel zupicken, wird er seine Beute angewidert »ausspucken« und fortan – aus Erfahrung klug geworden – gleich aussehende Exemplare in Ruhe lassen. So warnt etwa die giftige gelb und schwarz geringelte Raupe des Monarchen hungrige Feinde vor dem Zubeißen. Sie nutzt dabei auch den Bekanntheitsgrad der Wespentracht aus, der die abschreckende Wirkung noch steigert. Viele Vogelflügler weisen mit kontrastreich gefärbten Flügeln auf ihre Ungenießbarkeit hin. Ihr Körper enthält Giftstoffe von Pfeifenstrauchgewächsen (Aristolochia), von denen ihre Raupen leben.

Es gibt aber auch völlig harmlose und wohlschmeckende Schmetterlinge, die sich giftige zum Vorbild nehmen und deren auffälliges Erscheinungsbild kopieren. Als »Schafe im Wolfspelz« sehen sie ihnen täuschend ähnlich und sind dadurch ebenfalls gut vor hungrigen Feinden geschützt. Der giftige, leuchtend orangerot und schwarz gefärbte Monarch beispielsweise ist Vorbild für einen harmlosen Edelfalter. Dieser profitiert von der plakativ signalisierten Ungenießbarkeit des Monarchen, denn die Freßfeinde können Original und Fälschung nicht unterscheiden.

Der englische Naturforscher Henry Walter Bates (1825–1892), der elf Jahre in den Regenwäldern des Amazonasgebietes forschte, wurde als erster auf dieses Phänomen aufmerksam. Er beobachtete Schmetterlinge, die sich in Farbe, Form und Verhalten sehr ähnelten. Man hätte meinen können, sie gehörten alle derselben Familie an. Bei genauerer Untersuchung stellte Bates dann aber fest, daß sie unterschiedlichen Familien angehören. So ahmen harmlose Weißlinge und tagaktive ungiftige Nachtfalter Aussehen und Verhalten eines schwarz, rot und gelb

Colobura dirce, *ein ganz raffinierter Edelfalter aus Südamerika. Die rechteckigen Fortsätze an den Hinterflügeln täuschen mit kleinen blauen Augenflecken einen Schmetterlingskopf vor. Vögel fallen des öfteren darauf rein. »Kopflos« entkommt der Falter.*

Uns macht er schöne Augen. Einem Freßfeind jagt Taenaris artemis *aber womöglich einen schönen Schrecken ein.*

»Auge« eines Eulenfalters. Die Imitation von Glanzlichtern auf der schwarzen »Pupille« läßt es noch echter erscheinen.

Der Passionsfalter Philaethria dido *ist giftig. Mit seiner kontrastreichen Warnfärbung weist er hungrige Feinde darauf hin.*

Batessche Mimikry. Der Edelfalter Siproeta stelenes *ähnelt* Philaethria dido *sehr, ist aber ungiftig. Ein Schaf im Wolfspelz.*

gefärbten giftigen Passionsfalters nach. Sie segeln unter falscher Flagge und werden, wie ihr Vorbild, von Freßfeinden weitgehend verschont. Nach ihrem Entdecker wird diese spezielle Art der Nachahmung als Batessche Mimikry bezeichnet.

Schmetterlinge können ihren Feinden auch einen gehörigen Schrecken einjagen. Wenn etwa ein südamerikanischer Falter der Gattung *Taenaris* die eindrucksvollen »Augen« auf der Unterseite seiner Hinterflügel präsentiert, macht das garantiert Eindruck. Ein hungriger Vogel wird entweder sofort wegfliegen oder aber nach den auffälligen Augenflecken picken, nachdem er seinen ganzen Mut zusammengenommen hat. Eine Beschädigung der Flügel kann der Schmetterling eher verkraften als eine Verletzung an Kopf oder Körper.

Die Raupen mancher tropischer Falter nutzen die Furcht ihrer Feinde vor Schlangen aus. Bei Gefahr heben sie den vorderen Körperabschnitt und blähen ihn auf. Mit den beiden deutlichen Augenzeichnungen auf seiner gedehnten Haut sieht er einem Schlangenkopf zum Verwechseln ähnlich. Noch größer wird der Schreck, wenn sich die grimmig dreinschauende »Schlange« auch noch bedrohlich hin und her bewegt.

Wenn es darum geht, sich vor Feinden zu schützen, sind die Raupen ungemein erfinderisch. Viele können sich mit chemischen Waffen zur Wehr setzen. Sie besitzen giftige Haare wie etwa die Raupen eines südamerikanischen Augenspinners. Die Haare enthalten einen Blutgerinnungshemmer, der gefährliche Blutungen verursachen kann. Raupen eines Morphofalters sondern ein abstoßend riechendes Sekret ab, das Feinde auf Distanz hält. Die Raupen der Ritterfalter haben eine ganz raffinierte Methode entwickelt. Bei Gefahr stülpen sie plötzlich eine ypsilonförmige Nackengabel aus. Das ist eine Drüse, die normalerweise im Körper der Raupe verborgen ist. Dies Organ verströmt einen üblen Geruch. Einige Arten riechen beispielsweise nach Buttersäure, die uns ja von ranziger Butter her unliebsam bekannt ist. Stacheln und Dornen bieten einen gewissen mechanischen Schutz. Mit derartigen »Rüstungen« versehene Raupen und Puppen findet man etwa bei Passions- und Edelfaltern. Auch ein dichter Haarbesatz kann schützen. Stark behaarte

Raupen einiger kleiner tropischer Bärenspinner rollen sich bei Bedrohung einfach wie Igel zu einer Kugel zusammen und bleiben den Angreifern dann oft im Halse stecken. Landen sie allerdings im Schnabel einer der vielen tropischen Kuckucksarten, haben sie keine Chance. Diese Vögel lassen sich auch durch spitzige Haare nicht vom Genuß abbringen.

Die Vielfalt der Verteidigungsstrategien von Schmetterlingen ist ein schönes Beispiel für den Erfolg einer seit Jahrmillionen fortschreitenden Evolution. Die Räuber treffen eine strenge Auslese. Gut geschützte Individuen überleben, können sich fortpflanzen und ihre wirksamen Schutzmechanismen weitervererben. Schlecht geschützte fallen ihren Feinden zum Opfer. Immer wieder entstehen durch Mutationen neue Varianten des Tarnens, Täuschens und Warnens, die sich dann im rauhen »Kampf ums Dasein« bewähren müssen.

Exotische Falter im Glashaus: Schmetterlingszoos

Wer nach der Lektüre dieses Buches neugierig geworden ist auf die farbenprächtigen exotischen Schmetterlinge, kann getrost auf kostspielige und umweltbelastende Fernflugreisen verzichten und statt dessen einen der zahlreichen Schmetterlingszoos ansteuern. Dort flattern wunderschöne Exoten aus allen tropischen Regionen der Welt in einem gezähmten Dschungel unter Treibhausglas. Der Schmetterlingsfreund wird garantiert den einen oder anderen Falter in natura bewundern können, der ihm bereits im Foto begegnet ist.
Vielleicht sieht er fasziniert den riesigen gelben Kometenfalter mit den lang ausgezogenen Hinterflügeln bewegungslos an einem Blatt hängen: die Primaballerina beim Spitzentanz. Oder er läßt sich von zwei verliebten Morphos verzaubern, die als blaue Lichtblitze durchs Blattgewirr huschen.
Die Idee der Schmetterlingszoos stammt aus England. Robert Goodden züchtete dort viele Jahre lang Seidenspinner. Sie hatten die ehrenvolle Aufgabe, edle Seide für die kostbaren Gewänder der britischen Königsfamilie zu produzieren. In den sechziger Jahren ging Goodden dazu über, auch andere exotische Falter in seinem Gewächshaus zu züchten und die fliegenden Edelsteine gegen Eintritt bestaunen zu lassen. Mittlerweile laden in England über dreißig Schmetterlingshäuser zum Besuch ein.
Weltweit gibt es mehr als siebzig derartige Insektarien. Sehr erfolgreich ist beispielsweise die Butterfly World bei Fort Lauderdale in Florida. Der anderthalb Hek-

Was gibt es bloß für große Schmetterlinge! Viktor und Magdalena betrachten erstaunt einen Eulenfalter im alaris Schmetterlingspark in Buchholz. Die Nelkenblüte wurde mit Honig beträufelt, damit die bezaubernden Schönheiten immer genug zu naschen haben.

tar große Zoo beherbergt über 3000 Schmetterlinge. Die Tokioter können das Schmetterlingshaus im Tama-Zoo besuchen, und in Australien lassen sich die schönen Falter im Zoo von Melbourne bestaunen. Das nördlichste Schmetterlingshaus der Welt ist in einem beliebten Stockholmer Park gelegen.

Schmetterlinge sind für viele die sympathischsten Insekten. Deshalb ist auch bei uns das Interesse an den bunten Fliegern sehr groß. 1985 eröffnete Fürstin Elisabeth von Bismarck in Friedrichsruh bei Hamburg den ersten Schmetterlingsgarten in Deutschland. Er ist nach englischem Vorbild gestaltet. Heute existieren in Deutschland bereits elf Schmetterlingszoos, jeder für sich ein kleines Paradies.

Die Schmetterlingshäuser vermitteln Freude an der Natur und Verständnis für biologische Zusammenhänge. Wo sonst können Kinder noch die wundersame Verwandlung vom Ei über die Raupe und Puppe bis zum fertigen Schmetterling so anschaulich erleben? Die Begeisterung für die bunten Falter ist auch deshalb so groß, weil man hierzulande leider nur noch wenigen Schmetterlingsarten begegnet. Über sechzig Prozent aller einheimischen Tagschmetterlinge stehen auf der Roten Liste.

Machen wir uns einmal auf zu einer »Expedition« in einen Schmetterlingszoo. Wir haben einen abrupten Klimawechsel zu erwarten und sorgen deshalb besser für tropengemäße Bekleidung. Dann tauchen wir ein in die feuchtheiße Atmosphäre. Bei Temperaturen um die 28 Grad und einer Luftfeuchtigkeit von etwa 80 Prozent beschlagen schon mal die Brillengläser oder die Linse des Fotoapparats. Aber nach kurzer Akklimatisierung lösen sich die Kondensschleier auf, und wir können uns den Eindrücken der Miniaturtropen hingeben.

Ein schwarzgelb gefärbter Ritterfalter (*Papilio demoleus*) taucht gerade seinen Saugrüssel in eine leuchtend rote Hibiskusblüte, während nicht weit davon mehrere auffallend gemusterte Passionsfalter die kleinen unterschiedlich gefärbten Wandelröschen umfliegen. Über uns knistert es plötzlich in der schwülen Luft. Es sind Fleckenfalter der Art *Hamadryas feronia*. Sie erzeugen diese sonderbaren Geräusche während ihrer rasanten Balzflüge.

Wir sollten uns Zeit nehmen und immer wieder genau hinschauen. Dann entdecken

Ein tropischer Schwalbenschwanz im Garten der Schmetterlinge in Friedrichsruh zieht die Aufmerksamkeit auf sich.

In Schmetterlingszoos gibt es immer wieder Neues zu entdecken. Hier eine interessant gefärbte Raupe des Morphofalters.

wir vielleicht an den Unterseiten von Oleanderblättern die golden glänzenden Puppen von *Euploe core,* einer Monarchfalterart, oder wir bemerken an einer Bananenstaude die gut getarnten Raupen des Eulenfalters. Manchmal sitzt ein Schmetterling – wie in den Tropen – auf dem feuchten Boden und trinkt Wasser, oder er landet sanft auf unserem Arm, um sich an den kleinen Schweißperlen mit ihren appetitlichen Mineralien zu laben. Vielleicht läßt sich auch mal ein zarter Schmetterling zu unserem Amüsement auf einem blauen Kleid oder einer violetten Bluse mit floralem Muster nieder, und wenn wir nicht aufpassen, begleitet er uns als blinder Passagier nach draußen. Dann aber nichts wie zurück mit ihm in das künstliche Schmetterlingsparadies.

In der tropischen Pflanzenwelt eines Schmetterlingszoos fliegen bis zu tausend Exemplare von dreißig bis fünfzig Arten. Diese Exoten sind nicht im Washingtoner Artenschutzabkommen aufgelistet und dürfen somit eingeführt werden. Ein Großteil der Falter wird als Puppen importiert, die restlichen stammen vielfach aus Zuchten der Schmetterlingshäuser oder sind natürlicher Nachwuchs. Die Puppen kommen von Schmetterlingsfarmen in den Ursprungsländern wie etwa den Philippinen oder Costa Rica. Dort werden in großem Maßstab Futterpflanzen für die Raupen angebaut, um die Schmetterlinge massenhaft zu züchten. Auf diese Weise findet keine direkte Entnahme aus der Natur und damit kein Eingriff in die natürlichen Bestände statt.

Schmetterlingszoos in Deutschland, Österreich und der Schweiz

alaris Schmetterlingspark
Rothemark-Straße 131
06886 Lutherstadt Wittenberg
Tel. 0 34 91-45 72 22
geöffnet: Frühjahr bis Herbst

Schmetterlingslust im Britzer Garten
Mohriner Allee (Eingang Britzer Garten)
12347 Berlin
Tel. 0 30-7 03 10 21
geöffnet: Frühjahr bis Herbst

alaris Schmetterlingspark
Zum Mühlenteich 2
21244 Buchholz/Nordheide
Tel. 0 41 81-3 64 81
geöffnet: Frühjahr bis Herbst

Garten der Schmetterlinge
Am Schloßteich
21521 Friedrichsruh b. Hamburg
Tel. 0 41 04-60 37
geöffnet: Frühjahr bis Herbst

tenbereich und 300-mm-Tele. Am häufigsten fotografiere ich mit dem 100er-Makro. Aber auch das 50er kommt öfter zum Einsatz, denn die Fluchtdistanz vieler Falter ist so gering, daß man sich ihnen auf geringe Entfernung nähern kann. Bei Nahaufnahmen wähle ich einen relativ hohen Blendenwert (meist 11 oder 16), um eine gute Tiefenschärfe zu erreichen. Um Details herauszuarbeiten, füge ich Zwischenringe ein (12 und 25 mm). Das vergrößert den Abbildungsmaßstab. Zur Vermeidung von Verwacklungsunschärfe arbeite ich meistens mit Stativ, Handauslöser und Spiegelvorauslösung. Als Filmmaterial habe ich Fujichrome Sensia (100 ASA) und Fujichrome Velvia (50 ASA) gewählt. Ihre Feinkörnigkeit läßt die reich nuancierten Farben und vielfältigen Feinstrukturen gut zur Geltung kommen.

Für die Motivwahl gibt es viele Möglichkeiten. So kann man sich einfach von Schönheit und Farbenpracht leiten lassen. Spezieller wäre die Konzentration auf Arten einer bestimmten Schmetterlingsfamilie wie etwa die tropischen Ritterfalter. Oder man kümmert sich um den Aspekt der Warnung und Tarnung. Auch verschiedene Verhaltensweisen lassen sich dokumentieren. Beispielsweise Hochzeitsflug, Paarung, Eiablage oder Nektaraufnahme. Manche Spezialthemen erfordern allerdings einige fotografische Fertigkeit und ein gewisses Einlesen in die Schmetterlingsliteratur.

Fotopirsch im Schmetterlingszoo

Das tropische Ambiente und die vielen Falter eines Schmetterlingszoos bieten reichlich Fotomotive. Bevor es richtig losgeht, muß sich die Kamera erst einmal an das feuchtheiße Gewächshausklima »gewöhnen«. Das läßt sich abkürzen, indem Gehäuse und Linse mehrmals mit einem faserfreien Tuch vom Kondenswasser befreit werden. Die Zeit der Akklimatisierung kann man nutzen, die verschiedenen Schmetterlinge in Ruhe zu betrachten. Nur so wird einem die Vielfalt ihrer Farben und Formen bewußt. Auch ist zu empfehlen, den einen oder anderen Falter längere Zeit geduldig zu beobachten, weil man auf diese Weise einen ersten Eindruck von seinen unterschiedlichen Verhaltensweisen gewinnen kann. So wird man sehen, daß Aktivitätsphasen immer wieder mit Ruhephasen abwechseln. Besonders am späten Nachmittag oder bei bedecktem Himmel legen die Falter gern Pausen ein. Dann ist die Gelegenheit für Porträtaufnahmen günstig.

In den meisten Schmetterlingshäusern ist die Verwendung von Blitzgeräten nicht erwünscht: zum einen, um die Falter vor dem Blitzlichtgewitter bei gehäuftem Auftreten von Fotofreunden zu bewahren, zum anderen, um andere Besucher nicht zu belästigen. Die zarten Farbtöne und Muster auf den Falterflügeln kommen sowieso im natürlichen Licht besser zur Geltung, zumal dieses meist durch lichtstreuende Bespannungen diffus und damit fotografenfreundlich ist. In Muße fotografieren kann man am besten morgens, besonders am Samstag, oder spätnachmittags. Dann bevölkern nämlich nicht so viele Besucher die Schmetterlingszoos.

In der gezähmten Natur eines Schmetterlingszoos läßt sich in Ruhe experimentieren, ohne Angst vor Schlangenbissen oder plötzlichen Wolkenbrüchen: verschiedene Objektive und Filme testen, mit Stativ oder aus der Hand fotografieren, unterschiedliche Belichtungen ausprobieren und dergleichen mehr.

Um zu befriedigenden Fotos zu kommen, sollte man eine einigermaßen leistungsfähige Spiegelreflexkamera benutzen. Ich verwende bei meiner Arbeit folgende Objektive: 50-mm-Makro, 100-mm-Makro, Zoomobjektiv im mittleren Brennwei-

Anhang

alaris Schmetterlingspark
Zur Schwarzen Erde
37170 Uslar
Tel. 0 55 71-67 34
geöffnet: Frühjahr bis Herbst

Das Paradies der Schmetterlinge
Sundernweg 26
49214 Bad Rothenfelde
Tel. 0 54 24-14 40
geöffnet: Frühjahr bis Herbst

Garten der Schmetterlinge
Im Schloßpark
56170 Bendorf-Sayn b. Koblenz
Tel. 0 26 22-1 54 78
geöffnet: Frühjahr bis Herbst

Schmetterlingshaus im Maximilianpark
Alter Grenzweg 2
59071 Hamm
Tel. 0 23 81-88 07 07
geöffnet: Frühjahr bis Herbst

Tropenhaus im Luisenpark
Gartenschauweg 12
68030 Mannheim
Tel. 06 21-41 00 50
geöffnet: ganzjährig

Schmetterlingshaus auf der Blumeninsel Mainau
78465 Insel Mainau
Tel. 0 75 31-30 30
geöffnet: ganzjährig

Idea Schmetterlingsparadies
Wirsberger Straße 8
95339 Neuenmarkt b. Kulmbach
Tel. 0 92 27-90 25 25
geöffnet: Frühjahr bis Herbst

Schmetterlingshaus
In der Burg
A-1131 Wien
Tel. 00 43-1-8 77 50 87
geöffnet: ganzjährig

Papiliorama/Nocturama
Marin Centre
CH-2074 Marin/Neuchâtel
Tel. 00 41-32-7 53 43 44
geöffnet: ganzjährig

Ausgewählte Literatur

Bernard D'Abrera, Butterflies of South-America. Victoria (Australien): Hill House 1984.

May R. Berenbaum, Blutsauger, Staatsgründer, Seidenfabrikanten. Die zwiespältige Beziehung von Mensch und Insekt. Heidelberg, Berlin, Oxford: Spektrum Akademischer Verlag 1997.

L. E. O. Braack, Fascinating Insects of Southeast Asia. Singapur: Times Editions 1996.

David Carter, Tag- und Nachtfalter. Ravensburg: Otto Maier 1994.

D. J. Carter, D. Hargreaves, Raupen und Schmetterlinge Europas und ihre Futterpflanzen. Hamburg, Berlin: Paul Parey 1987.

Alain Eid, Michael Viard, Schmetterlinge, Familien, Lebensraum. Erlangen: Karl Müller 1997.

John Feltwell, Schmetterlinge. Illustrierte Enzyklopädie. Köln: Könemann 1997.

Uwe George, Regenwald. Hamburg: Gruner + Jahr 1993.

Bernhard Grzimek (Hg.), Grzimeks Tierleben. Insekten, Bd. 2. Zürich: Kindler 1969.

Kurt Günther u. a., Urania Tierreich. Insekten. Leipzig, Jena, Berlin: Urania 1990.

Ivo Novák, Frantisek Severa, Der Kosmos-Schmetterlingsführer. (Kosmos-Naturführer). Stuttgart: Franckh-Kosmos 1992.

Christopher O'Toole, Alien Empire. Das Reich der Insekten. München: Von dem Knesebeck 1996.

Denis Frank Owen, Tropical Butterflies. The Ecology and Behaviour of Butterflies in the Tropics With Special Reference to African Species. Oxford: Clarendon Press 1971.

Josef Reichholf, Mein Hobby: Schmetterlinge beobachten. München, Wien, Zürich: BLV 1984.

Helgard Reichholf-Riehm, Schmetterlinge. München: Mosaik 1983.

Paul Smart, Enzyklopädie der Schmetterlinge. Die Tagfalter der Erde. Bindlach: Gondrom 1995.

Paul Whalley, Schmetterlinge. Hildesheim: Gerstenberg 1992.

Edward O. Wilson, Der Wert der Vielfalt. Die Bedrohung des Artenreichtums und das Überleben des Menschen. München: Piper 1996.

Danksagungen

Robert Wohlleben, Hamburg, hat die Entstehung des Buches begleitet und an der Textgestalt mitgefeilt. Hildegard und Peter Hain gaben mir freundlicherweise Gelegenheit, in Muße in ihrem »alaris Schmetterlingspark«, Buchholz, zu fotografieren. Auch im Bismarckschen »Garten der Schmetterlinge« in Friedrichsruh entstand manch schöne Aufnahme. Anton Lausmann, Geesthacht, hat mir bei speziellen Fragen zur Biologie der Schmetterlinge weitergeholfen. Ian W. Wallace, Halesowen bei Birmingham, hat mir den Weg zu interessanten Schmetterlingen in Ecuador gewiesen. Der Entomologe Professor Dr. Rudolf Abraham ermöglichte mir den Zugang zu den Schmetterlingssammlungen der Universität Hamburg.

Register

Die Seitenhinweise auf Abbildungen und Bildlegenden sind kursiv gesetzt.

A

Acraeiden *10*, 79
Adelpha iphicla 36
Admiral 48
Agraulis vanillae 25
Agrias 34, 39
Alterung 27, 47, 59, *106*, 115
Argema mittrei s. Kometenfalter
Atlasfalter 54, *57*, 59, 73, 86, 88, *90*, 95, 98, *99*
Atmung (Puppe) 97
Atmung (Raupe) 86
Attacuc atlas s. Atlasfalter
Augen (Raupe) 83f.
Augen (Schmetterling) *23*, 97, 107, *112*
Augenfalter 117
Augenflecken 14, *16*, 30, *42*, 44, *45*, 47, *61*, *125*f., 128
Augenspinner 54, *56*ff., 59, *61*, 63, 84, 128

B

Balz 34, 43, 66, *67*, 68
Bananenfalter s. Eulenfalter
Bärenspinner 129

Bates, Henry Walter (Naturforscher) 124
Batessche Mimikry 124, *127*, 128
Bau (Raupe) *82*, 83f.
Beebe, William (Naturforscher) 27
Biotopzerstörung 12, 47
Blattschmetterling 121
Bläuling *10*, 24, 83, 104
Blütenbestäubung 104
Bradypodicola hahneli 81
Brassoliden 44
Brutfürsorge 75f.

C

Caligo idomeneus 44, *45*
Caligo memnon 45f., *70*, 74, 87
Callicore 33, 39
Carle, Eric (Kinderbuchautor) 81
Catonephele antinoe 32, 34
C-Falter 39
Charaxes 102, 110
Chrysalide s. Puppe
Colobura dirce 81, *125*

D

Danaiden 52
Danaus gilippus 53
Danaus plexippus 48, *49*, 50
Distelfalter 30
Doxocopa cherubina 37

Dryadula phaetusa 112
Dryas julia 26, 67
Duftschuppen 66

E

Edelfalter 30, *31*ff., 34, *35*ff., 75f., 81, 95, 97, 102, 104, 110, *111* 119, *123, 125, 127*, 128, 133
Ei 73, *74*, 75f., *77*, 79, *80*, 81
Eiablage 73, 75f., *78*, 79
Entomophagie 93, 102
Erdbeerbaumfalter 93
Ernährung (Raupe; s. a. Raupenfutterpflanze) 47, 65, *74*, *82*, 83, 86
Ernährung (Schmetterling) *10*f., 27, 30, 34, *37*, 46, 47f., 59, 65, 68, 102, 104, 107, *108*, *113*f., 132
Eueides isabellae 25
Eulenfalter 44, *45*, 47f., 66, *70*, 73, *74*, 79, 81, 86, *87*, 88, 91, 93, 97f., *100*, 102, 104, 107, 110, 115, *126, 132*, 136
Eupithecia 83
Euploe core s. Oleanderfalter

F

Fabre, Jean-Henri (Insektenforscher) 66

Fang 17, 34, *38*, *42*, 43, *60*
Farbsehen 107
Feind s. Freßfeind
Fleckenfalter s. Edelfalter
Flügel 13f., 17, *21*, 24, 30, 34, *35*, 39f., *43*f., 47f., 52, 54, *55*f., *58*, 59, 63, 66, *78*, 97f., *105*f., 107, *109*, 110, 115, 117, *125*
Flügelschuppen 13, *19*, 40, 43, 76, *109*, 110, 115
Flügelzeichnung 14, *16*, *18*f., *21*, 24, *25*, *27*, *28*, 30, *33*, 40, *42*, 43f., *45*, 47, *49*, *51*, 52, *53*, *57*, 59, *61*, 68, 107, 117, 119, *123*, 124, *127*, 128
Fortpflanzung 34, 59, *69*f., 79, 97, 110
Fraßbild 81
Freßfeinde der Eier 76
Freßfeinde der Puppen 93, 95, 117
Freßfeinde der Raupen 91, 117
Freßfeinde der Schmetterlinge 14, 24, 27, 110, 129
Fühler *23*, 24, 54, *58*, 59, 66, 68, 104, *112*

G
Gehör 34, 107
Gelbling *101*, 104, 107, *113*
Generationenfolge 50, 98
Geruchssinn (Schmetterling) 20, 59, 66, 73, 104

Glasflügler 13, 104, 117
Goodden, Robert („Erfinder" der Schmetterlingszoos) 131
Götterbaumspinner *61*
Graphium agamemnon 14, 15
Grauer Knospenwickler 119
Greta oto 117, *118*
Großes Nachtpfauenauge 63
Gürtelpuppe 95, *96*, 97, *122*

H
Hamadryas 30, 34, 119
Hamadryas feronia 31, 133
Häutung *85*, 86, *87*, 88, 91
Heliconius charitonius 21
Heliconius cydno 29, 69
Heliconius erato 27, *28*
Heliconius melpomene 26, 27
Heliconius sara 22
Hochzeit 34, 66, *67*, 68, *70*f., 73
Hypolimnas misippus 75

I
Idea leuconoe 51, 52
Indisches Blatt 7
Insektenhandel 17, 20, 39, 43, 59
Ithomiiden *78*, 117
Ityraea 124

K
Kallima 121
Kannibalismus 83, 104
Kleiner Fuchs 48
Kleines Nachtpfauenauge 63
Kokon 54, *58*, 59, 84, 95, 97f., *99*
Kometenfalter *58*, 63, 131
Körpertemperatur 9
Kremaster 91, 95

L
Lamproptera curius 17
Lockstoff 59, 66, 68, 73

M
Marpesia corinna 35
Maulbeerspinner 84, 93, 95, 102
Meek, Alfred S. (Naturwissenschaftler und Sammler) 17
Merian, Maria Sibylla (Naturforscherin und Kupferstecherin) 93
Metamorphose 65, 83, 97, 110
Mimese 119, 121, *122*
Mimikry 27
Miniermotte 54
Monarch 7, 48, *49*, 50, 52, *53*, 68, 76, 81, 95, 104, *120*, 124
Morpho 7, *8*, 9, 12, 39f., *41*, 43f., 65, 76, *92*, 95, 102, 117, 121, 128, *135*

Morpho aega 43
Morpho peleides 8, 40, *41f.*, 80
Müller, Fritz (Naturforscher) 24
Müllersche Mimikry 27
Mundwerkzeuge (Raupe) 83
Mundwerkzeuge (Schmetterling) *23*, 63, 86, 104
Mythologie 44, 65

N
Nachtfalter 54, *55–58*, 59, *60ff.*, 63, 66, 83f., 86, 95, 104, 110, 117, *123*, 124
Nachtpfauenauge 66

O
Oleanderfalter *94*, 97, 136
Ornithoptera alexandrae 17
Ornithoptera priamus 17, *18*, *77*, *82*

P
Paarung 66, *69*
Papilio aegeus 92, 95, *96*, 97, *105f.*
Papilio cresphontes 14, *122*
Papilio dardanus 12
Papilio demodocus 73
Papilio demoleus 14, *16*, *71*, *114*, 133
Papilio machaon 14
Papilio palinurus 109
Papilio rumanzovia 19
Parthenos sylvia 11, *123*

Passionsfalter 20, *21ff.*, 24, 25f., 27, *28f.*, 66, *67*, 68, 69, *72*, 73, 75f., 81, 83, *85*, 95, 104, *112*, *127*, 128, 133
Pflanzenabwehr von Raupen 76, 83
Pharmakophagus autenor 103
Pheromon s. Lockstoff
Philaethria dido 23, 85, 127
Phoebis 101, *113*
Precis orythia 33
Puppe 65f., *72*, 86, 91, 93, *94*, 95, *96*, 97f., *100f.*, 102, 104, *122*
Puppenhülle 66, 91, 93, 97f., *100f.*
Puppenruhe 97f.

R
Raupe 9, 24, *46*, 47, 52, 54, 59, 65, *74*, 75, 79, 81, *82*, 83f., *85*, 86, *87*, 88, *89f.*, 91, *92*, 93, 95, *96*, 97, *99*, *120*, *135*
Raupenbekämpfung 93
Raupenfutterpflanze 24, 47, 50, 73, 75f., 81, 95, 124, 136
Ritterfalter 12, 14, *15f.*, 17, *19*, 20, 68, *71*, 73, 81, *92*, 95, *96*, *103*, 104, *105f.*, 107, *109*, *114*, 115, 119, *120*, 121, 128, 133, *134*

Rote Liste 133
Rothschildia jacobeae 56

S
Samia cynthia 61
Sandved, Kjell B. (Wissenschaftler und Tierfotograf) 39
Saugrüssel 48, 97, 104, 107
Schillerfalter 34
Schlafgemeinschaft 24
Schlupf (Raupe) 81
Schlupf (Schmetterling) 54, 97f., *100f.*
Schmetterlingszoos 27, 131, 133, 136, 140ff.
Schutz der Eier 68, 73, 75f.
Schutz der Puppe 93, 95, 119
Schutz der Raupe 88, 119
Schwalbenschwanz s. Ritterfalter
Seguy, Eugène A. (Designer) 13
Seide 84, 93, 95, 97, 131
Seidenfaden 84, *85*, 88, 91, 93, 95, *96*, 97f., 102
Seidenspinner 84, 95, 131
Si-Ling (chinesische Kaiserin) 95, 97
Sinnesorgane (Raupe) *58*, 83f.
Sinnesorgane (Schmetterling) *23*, 24, 34, 54, 59, 66, 68, 97, 107, *112*
Siproeta stelenes 127

Siseme aristoteles 108
Spanner 121
Spinndrüsen 84
Stürzpuppe *94*, 95, 97f., *101*

T
Taenaris 128
Taenaris artemis 126
Tagfalter 9, 44, 68, 133
Tagpfauenauge 48, 68
Tarnung (Ei) *80*
Tarnung (Puppe) 95, *99f.*, 117, 119, 121, *122*, 124, 128f.
Tarnung (Raupe) *87*, 88, 91, 117, 119, *120*, 121, 124, 128f.
Tarnung (Schmetterling) 14, 40, 47, 117, *118*, 119, 121, *123*, 124, 128f.
Täuschung (s. a. Tarnung) 14, *16*, *57*, 59, 119, 124, *125*, *127*, 128
Thyridia psidii 78

U
Uraniafalter 62
Urania leilus 55
Urquhart, Fred A. (Schmetterlingskundler) 50

V
Verdauung (Raupe) 86
Verpuppung 88, 91, *96*
Verteidigung (Ei) 68, 73, 75f., *77f.*
Verteidigung (Puppe) 93, 95
Verteidigung (Raupe) *85*, 88, *90*, 128f.
Verteidigung (Schmetterling) *16*, *21*, *53*, *56f.*, 110, *118*, *126f.*

Vogelflügler 13, 17, *18*, *77*, *82*, 124

W
Wallace, Alfred Russel (Naturforscher) 121
Wanderung 48, 50, 52
Warnung (Raupe) *85*, *120*
Warnung (Schmetterling) *21*, 24, 44, 47, 52, *53*, 59, *126f.*
Washingtoner Artenschutzabkommen 136
Weißling 104, 121, 124
Widderchen 24

Y
Young, Allen M. (Tropenbiologe) 47

Z
Zebrafalter 7, 21, 24, 27, *72*